AF634600

May | Epochen der deutschsprachigen Literatur

Kompaktwissen XL

Yomb May

Epochen der deutschsprachigen Literatur

Reclam

Der Verlag behält sich die Verwertung der urheberrechtlich geschützten Inhalte dieses Werkes für Zwecke des Text- und Data-Minings nach § 44b UrhG ausdrücklich vor. Jegliche unbefugte Nutzung ist ausgeschlossen.

Kompaktwissen XL | Nr. 15242
2020 Philipp Reclam jun. Verlag GmbH,
Siemensstraße 32, 71254 Ditzingen
info@reclam.de
Druck und Bindung: Esser printSolutions GmbH,
Untere Sonnenstraße 5, 84030 Ergolding
Printed in Germany 2025
RECLAM ist eine eingetragene Marke
der Philipp Reclam jun. GmbH & Co. KG, Stuttgart
ISBN 978-3-15-015242-3
reclam.de

Inhalt

Zur Benutzung

Jedes Epochenkapitel beginnt mit einer *Checkliste*, in der alle wichtigen Begriffe zur Epoche zusammengestellt sind. Diese Begriffe werden in der anschließenden Epochendarstellung im Zusammenhang erläutert. Sie sind im Text **fett** hervorgehoben und am Rand mit dem Checklistensymbol ☑ gekennzeichnet.

Die Checkliste kann auf zwei verschiedene Weisen gebraucht werden:

1. *Vor dem Lesen* des Epochenkapitels: Die Checkliste strukturiert den zu lernenden Inhalt vor, indem eine **Übersicht** über die folgenden Gegenstände geboten wird. (Was erwartet mich? Was ist neu?)
2. *Nach dem Lesen* der Epochendarstellung: Die Checkliste kann der **Wiederholung** des jeweiligen Epochenwissens dienen. (Kann ich die Begriffe erläutern? Dann habe ich das prüfungsrelevante Epochenwissen parat.)

Alle Epochenkapitel haben den *gleichen inneren Aufbau*. Das erleichtert den Epochenvergleich. Die *Zeitleiste* zu Beginn des Epochenkapitels unterstützt die leichtere Orientierung im historischen Kontext.

Die Problematik des Epochenbegriffs

Wer literarische Texte verstehen und interpretieren will, muss sich mit ihren jeweiligen Entstehungszusammenhängen vertraut machen. Denn Literatur ist immer auch Ausdruck der Zeit, in der sie geschrieben wird. Folgerichtig verweisen literarische Werke inhaltlich häufig auf bedeutende historische Ereignisse und spiegeln soziale, gesellschaftspolitische, weltanschauliche und kulturelle Verhältnisse wider, die ihren Entstehungskontext prägen. Eine wichtige Rolle spielen auch poetologische bzw. ästhetische Programme, d. h. Regelwerke oder Erörterungen, in denen jeweils bestimmt wird, was ›gute‹ Literatur ausmacht. Sie beeinflussen die Konzeption von Literatur und bestimmen den literarischen Geschmack ihrer Zeit.

Wissenschaftler erfassen und beschreiben diese historischen Rahmenbedingungen und Voraussetzungen in literaturgeschichtlichen Abhandlungen. Wie jede Geschichtsschreibung wird auch die deutschsprachige Literaturgeschichte in Epochen eingeteilt. Der Begriff »Epoche« stammt vom griechischen *epoché* und bedeutet ›Einschnitt‹. Seit dem 19. Jahrhundert bezeichnet dieser Begriff einen Teilabschnitt der Literaturgeschichte, dessen Literatur sich aufgrund spezifischer Merkmale (Epochenmerkmale) von der Literatur angrenzender Epochen unterscheidet.

Epochenbegriffe werden in der Regel im Nachhinein, d. h. erst im späteren Rückblick, vergeben oder geprägt; gleichwohl bilden sie unverzichtbare terminologische Hilfskonstruktionen für die Darstellung der komplexen Geschichte der deutschen Literatur. Jeder Epochenbegriff zeigt einschneidende geistes- und kulturgeschichtliche sowie literaturhistorische Veränderungen an, die auch in der jeweiligen Literatur Niederschlag gefunden haben. Vergleichbar mit Schubladen stehen die tradierten Epochenbegriffe für ein bewährtes Ordnungsschema, das zeitgeschichtliche Entstehungsbedingungen und gemeinsame Merkmale von Textgruppen im jeweiligen historischen Kontext zusammenfasst. Durch die chronologische Gliederung des historischen Kontextwissens wird die lange Geschichte der deutschen Literatur als eine Abfolge von einander ablösenden und daher voneinander abgrenzbaren Zeiträumen (Epochen) mit jeweils einer charakteristischen Literaturproduktion strukturiert. Damit stellen Epochenbegriffe ein wichtiges Orientierungswissen zur Verfügung, das die Masse der überlieferten Texte nach epochenspezifischen Kriterien ordnet und überschaubar hält.

All das ist allerdings nicht ganz unproblematisch. Denn weder Epochenbezeichnungen noch die Kriterien, nach denen Literaturepochen und Strömungen definiert und voneinander abgegrenzt werden, sind einheitlich. So wird beispielsweise die Literaturepoche ›Weimarer Klassik‹ oft auch als ›Kunstepoche‹ bzw. als ›Goethezeit‹, die Literaturepoche zwischen 1848 und 1890 als ›bürgerlicher‹ oder ›poetischer‹ Realismus bezeichnet. Auch hinsichtlich der Zeitspanne der einzelnen Literaturepochen gibt es keinen allgemeinen Konsens. Unterschiedliche Epochenbezeichnungen, -einteilungen und -datierungen sind daher die Folge, was mitunter Irritationen hervorruft. So steht zum Beispiel nicht eindeutig fest, wann die Weimarer Klassik endet – bereits mit Schillers Tod 1805 oder doch erst mit Goethes Tod im Jahr 1832? Wann beginnt der ›Vormärz‹? Unmittelbar nach den Karlsbader Beschlüssen (1819) oder erst nach der Julirevolution von 1830? Und bis zu welchem Zeitpunkt kann man von der ›Nachkriegsliteratur‹ sprechen? Wie weit reicht eigentlich der Begriff der ›Gegenwartsliteratur‹ zurück? Und so weiter.

Neben diesen und weiteren offenen Fragen muss betont

werden, dass sich zwischen Literaturepochen keine klaren Grenzen ziehen lassen. Epochenwechsel und -umbrüche bilden in der Regel keine Einschnitte. Sie vollziehen sich nicht schlagartig, sondern vielmehr allmählich. Daher sind Epochengrenzen meist fließend. Manche können sogar aufgrund von poetologischen, stilistischen oder thematischen Kontinuitäten als ›Epochenschwellen‹, d. h. als längere Übergangszeiträume, angesehen werden. Das gilt beispielsweise für den Epochenumbruch um 1900 bzw. für die Literatur der Jahrhundertwende. Die Tatsache, dass sich manche Epochen wie z. B. Aufklärung, Klassik und Romantik teilweise sowohl zeitlich als auch inhaltlich überschneiden oder Strömungen des Frührealismus wie z. B. Biedermeier und Junges Deutschland sogar parallel zueinander laufen, macht scharfe Abgrenzungen generell schwierig. Die Jahreszahlen bei den literarischen Epochen sind daher immer als ungefähre Angaben zu verstehen.

Literaturepochen bilden trotz übergreifender Ziele keine homogenen Einheiten. Sie zeichnen sich in der Regel durch ein vielfältiges und daher differenziertes literarisches Leben aus. So besteht beispielsweise die Epoche der Aufklärung aus zwei Phasen: der Frühaufklärung (Verstandesdichtung) und Spätaufklärung (Empfindsamkeit), die von den sehr unterschiedlichen Literaturauffassungen Gottscheds und Lessings geprägt sind. Die Romantik lässt sich in drei einander abgrenzbare Phasen gliedern: Frühromantik, Hochromantik, Spätromantik. Auch hier liegt jeder dieser Phasen ein anderes ästhetisches Programm zugrunde. Folgerichtig können sich Texte aus solchen großen Epochen sowohl thematisch und konzeptionell als auch sprachlich stark voneinander unterscheiden.

Problematisch ist nicht zuletzt die Frage, welcher Autor und welches Werk in welche Epoche eingeordnet werden soll. Goethes und Schillers Werke beispielsweise entsprechen weitgehend den literarischen Konventionen des Sturm und Drang bzw. später der Weimarer Klassik. Sie werden daher zu Recht als ›repräsentativ‹ für diese Epochen charakterisiert – aber beide für zwei verschiedene Epochen. Werke anderer wichtiger Autoren wie Jean Paul, Hölderlin, Kleist und Kafka lassen sich dagegen in keine bestimmte Epochenschublade einsortieren: Sie fallen aus dem literarischen Programm ihrer Zeit heraus. Oft handelt es sich dabei um Werke des Übergangs zwischen zwei Epochen bzw. Strömungen, die sich folgerichtig einer festen Zuordnung entziehen.

Aber selbst dort, wo die literaturgeschichtliche Einordnung eines Textes eindeutig zu sein scheint, gilt es zu bedenken: Literarische Werke erschöpfen sich nicht in ihrer Epochenspezifik. Sie können – wie z. B. die Dramen *Nathan der Weise* (1799) von Gotthold Ephraim Lessing und *Faust* (1808) von Johann Wolfgang Goethe – ihren jeweiligen historischen Entstehungskontext überdauern und auch in späteren Epochen ihre Bedeutung weiter entfalten.

Bei den folgenden Epochendarstellungen ist also immer mitzuberücksichtigen, dass es sich nicht (nur) um reines Faktenwissen handelt, sondern Entscheidungen getroffen, Schwerpunkte gesetzt, Eindeutigkeiten hergestellt wurden, um den Stoff ›handhabbar‹ zu machen. Der Band bietet Orientierungswissen als Ausgangspunkt für den eigenen vertieften und differenzierten Umgang mit Literatur in ihrer Zeit.

Kurzübersicht: Epochen und Strömungen der deutschsprachigen Literatur

Zeitspanne	Literarische Epochen / Strömungen
1600–1720	Barock
1720–1800	Aufklärung
1765–1789	Sturm und Drang
1786–1805/32	(Weimarer) Klassik
1790–1835	Romantik
1815–1850	Biedermeier / Junges Deutschland / Vormärz
1848–1890	Realismus
1880–1900	Naturalismus
1890–1910	Literatur der Jahrhundertwende
1910–1925	Expressionismus
1918–1933	Neue Sachlichkeit
1933–1945	Nationalsozialismus / Innere Emigration / Exilliteratur
1945–1989	Nachkriegsliteratur / Literatur der Bundesrepublik Deutschland, Österreichs und der Schweiz / Literatur der DDR
seit 1990	Gegenwartsliteratur

Die Epochen von der althochdeutschen Literatur bis zum Reformationszeitalter (750–1600) sind nicht aufgenommen, da sie im Abitur nicht relevant sind. Man sollte sich aber bewusst machen, dass dies der zeitlich viel längere Abschnitt ist – aus dem andererseits eine viel geringere Zahl literarischer Werke überliefert ist als aus dem Abschnitt von 1600 bis heute.

1 Barock (1600–1720)

Checkliste

- [x] Dreißigjähriger Krieg
- [x] Absolutismus
- [x] göttliche Heilsordnung
- [x] antithetisches Weltbild
- [x] normative Poetik
- [x] poeta doctus
- [x] Wirkungsabsichten
- [x] Stilebenen
- [x] rhetorische Mittel
- [x] Sprachgesellschaften
- [x] reiner Reim
- [x] Metrum auf der Basis der natürlichen Wortbetonung
- [x] Alexandriner
- [x] Schelmenroman
- [x] Sonett
- [x] Auftragsdichtung
- [x] Ordensdrama
- [x] Märtyrerdrama
- [x] Emblem

1.1 Zeitgeschichtlicher Kontext

Das bestimmende und zugleich traumatische Ereignis im Zeitalter des Barock ist der **Dreißigjährige Krieg** (1618–1648). Die mit dem Prager Fenstersturz (1618) begonnenen konfessionellen Auseinandersetzungen zwischen Protestanten und Katholiken weiten sich schnell zu einem Konflikt um die Herrschaft in Europa aus. Der Konflikt wird auf deutschem Boden ausgetragen. Die Folgen sind verheerend: Mehr als ein Drittel der Gesamtbevölkerung fällt dem Krieg zum Opfer. Der Dreißigjährige Krieg hinterlässt ein weitgehend verwüstetes Land mit verödeten Landschaften und zerstörten Städten. Der politische, wirtschaftliche und soziale Zerfall des Reiches ist offenkundig. Verschärft wird das Leiden der Menschen durch die Pest und andere Krankheiten. Armut, Not, Hunger und Tod sind allgegenwärtig und prägen die Alltagserfahrungen der Menschen.

Das vorherrschende politische System ist der **Absolutismus**. Der Inbegriff eines absolutistischen Herrschers ist der französische »Sonnenkönig« Ludwig XIV. (1638–1715). Die Gesellschaft ist hierarchisch in drei Stände eingeteilt: Klerus, Adel, Bürgertum/Bauern (Ständegesellschaft). Diese Einteilung gilt als gottgewollt und wird deshalb nicht infrage gestellt. Die Welt insgesamt wird noch als von Gott eingerichtetes und ge-

1617	1618	1624	1633	1636	1643
Gründung der »Fruchtbringenden Gesellschaft« in Weimar	Fenstersturz von Prag: Beginn des Dreißigjährigen Kriegs	Opitz: *Buch von der Deutschen Poeterey*	Verurteilung Galileo Galileis in einem Inquisitionsprozess	Gryphius: *Tränen des Vaterlands*	Ludwig XIV. König von Frankreich (bis 1715)

ordnetes Ganzes betrachtet und gilt als – wenn auch unvollkommenes – Spiegelbild der **göttlichen Heilsordnung**. Bedeutende naturwissenschaftliche Entdeckungen (durch Nikolaus Kopernikus, Galileo Galilei, Johannes Kepler, Isaac Newton) leiten aber einen Wandel dieses noch mittelalterlich geprägten Menschen- und Weltbildes ein.

1.2 Leitgedanken

Das Barock ist eine Zeit voller Widersprüche. Die Erfahrungen des Dreißigjährigen Krieges lösen eine tiefe Lebenskrise aus, die sich einerseits im beständigen Bewusstsein der Vergänglichkeit menschlicher Existenz (*memento mori*, lat., »bedenke, dass du sterben wirst«) und andererseits in einem nahezu rauschhaften Lebenshunger (*carpe diem*, lat., »nutze den Tag«) äußert. Folgerichtig liegt dem Denken und Handeln der Menschen ein **antithetisches Weltbild** zugrunde: Jenseitsorientierung und Diesseitszugewandtheit bilden die Pole der Zwiegespaltenheit, denen sich zahlreiche weitere Oppositionen zuordnen lassen:

1648	1668	1682	1683	1712
Westfälischer Friede: Ende des Dreißigjährigen Kriegs	Grimmelshausen: *Simplicissimus*	Versailles wird Residenz Ludwigs XIV.	Belagerung Wiens durch die Türken	Erster Dampfmaschineneinsatz im Bergbau (England)

• Diesseits (irdisches Leben)	• Jenseits (himmlisches Leben)
• Vergänglichkeit (lat.: *vanitas*), *fortuna*	• Ewigkeit
• Schein	• Sein
• Körper	• Seele
• Krieg	• Frieden
• Spiel	• Ernst
• Lebenshunger	• Todesbewusstsein
• Wohlstand/Habgier	• Armut/Entsagung
• Erotik/Wollust	• Tugend/Askese
• Blüte und Verfall	• ewiges Leben
• *carpe diem*	• *memento mori*
usw.	usw.

1.3 Konzeption der Literatur

Normative Poetik

☑ Prägend für das barocke Dichtungsverständnis ist die **normative Poetik**, also ein Regelwerk für Literatur mit strengen Vorgaben. Die Regelbindung in der Literatur entspricht der Vorstellung, dass die Welt und die Literatur ein Spiegelbild der festen göttlichen Heilsordnung sind. Die wichtigsten Poetiken des Barock stammen von Martin Opitz (1597–1628): *Buch von der deutschen Poeterey* (1624), und Georg Philipp Harsdörffer (1607–1658): *Poetischer Trichter* (1647–53). Kreativität, Originalität oder Individualität sind nicht wichtig. Dichtung gilt als Kunstfertigkeit, die durch ein Studium an der Universität er-
☑ lernbar ist. Das Leitbild ist der ***poeta doctus*** (lat., ›gelehrter Dichter‹). Die Einhaltung und Ausgestaltung von vorgegebe-

nen Formprinzipien bestimmen die Qualität von Literatur. Dichtung hat drei Funktionen bzw. **Wirkungsabsichten**: Sie soll ☑

- unterhalten (lat. *delectare*),
- belehren (*docere*) und/oder
- bewegen (*movere*).

Zugleich gibt es drei **Stilebenen**, die in einer hierarchischen, den gesellschaftlichen Schichten entsprechenden Stufenfolge angeordnet sind: ☑

- hoher Stil (lat. *genus grande*): prächtige und würdevolle Ausdrucksweise, thematisch Göttern, Fürsten und Adligen zugeordnet (z. B. Tragödie, höfischer Roman)
- mittlerer Stil (lat. *genus medium*): schlichtere Ausdrucksweise, thematisch mit komischen Stoffen verbunden
- niedriger Stil (lat. *genus humile*): derb-komische Ausdrucksweise, thematisch niederen Schichten, z. B. Bauern und Landstreichern zugeordnet (z. B. Komödie, Schelmenroman)

Kennzeichnend für barocke Literatur ist eine hohe Dichte von **rhetorischen Mitteln**: sprachliche Bilder (Metaphern, Allegorien, Personifikation) und Gedanken-, Wort- und Klangfiguren (Alliteration, Anapher, Chiasmus, Parallelismus usw.). ☑

Deutsch als Literatursprache

Deutsch entwickelt sich, nicht zuletzt dank der neu entstehenden **Sprachgesellschaften** (etwa der »Fruchtbringenden Gesellschaft«, gegründet in Weimar 1617) zu einer Literatursprache. Diese befördern die Eigenständigkeit einer deutschen »Na- ☑

tionalsprache« gegenüber der Wissenschaftssprache Latein und dem sogenannten »A-la-mode-Sprechen«, der internationalen Verkehrssprache Französisch.

Besonders wirkungsvoll ist Opitz' *Buch von der deutschen Poeterey*, das (in Abwendung von antiken Regeln) die Natürlichkeit und Eleganz der deutschen Sprache hervorhebt, die wesentlichen Gattungsdefinitionen formuliert und wichtige Grundsätze für eine deutsche Dichtkunst etabliert, unter anderem den **reinen Reim** und das **Metrum auf der Basis der natürlichen Wortbetonung** mit dem regelmäßigen Wechsel von betonter und unbetonter Silbe. Deshalb bevorzugt er den **Alexandriner**, einen sechshebigen Jambus mit Zäsur in der Mitte, als das der deutschen Sprache angemessene Versmaß. Ein Beispiel:

»Du síehst, wohín du síehst, | nur Eítelkeít auf Érden.«
(Andreas Gryphius, *Es ist alles eitel*)

1.4 Literarische Formen, Themen und Motive

Epik

Der **Schelmenroman** gehört mit Abstand zu den wichtigsten Formen des Barock. Im Mittelpunkt steht der sogenannte Schelm, der, arm und von niedrigem Stand, sich schlau und betrügerisch durchs Leben schlägt. Der wichtigste Schelmenroman des Barock stammt von Johann Jakob Christoffel von Grimmelshausen (1622–1676): *Der Abentheurliche Simplicissimus Teutsch* (1668). Weitere wichtige epische Formen sind der Schäferroman, der ein idealisiertes Landleben thematisiert, und der höfische Roman, der teils auf mehreren tausend Seiten Liebesgeschichten und Staatsaffären herrschaftlicher Häuser darstellt.

Lyrik

Die Lyrik lässt sich in die geistliche Lyrik (Kirchenlieder) und die weltliche Lyrik einteilen. Besonderer Beliebtheit erfreuen sich strenge Formen wie das **Sonett** im Alexandriner-Vers. Diese Gedichtform entspricht der zeitgenössischen Vorstellung von künstlerischer Ästhetik und Schönheit. In zahlreichen Sonetten begegnet das Prinzip der Antithetik, die den Widerspruch zwischen Lebenshunger auf der einen und Vergänglichkeit des menschlichen Daseins auf der anderen Seite veranschaulicht. Neben dem Sonett sind auch Lehrgedichte, Epigramme und Figurengedichte vertreten.

In der Regel sind Gedichte des Barock **Auftragsdichtungen,** die zu besonderen Anlässen verfasst werden, etwa zu Geburtstagen, Hochzeiten, Beerdigungen oder zu besonderen Anlässen des öffentlichen Lebens wie Ratswahlen.

Drama

Drama und Theater haben im 17. Jahrhundert Hochkonjunktur. Verbreitet sind folgende Dramentypen: Trauerspiel, Komödie, Ordensdrama und die Oper. Während die Tragödie das unberechenbare Schicksal des Menschen und die Vergänglichkeit des irdischen Daseins thematisiert, gestaltet die Komödie Missverständnisse, die sich aus der Verwechslung von Sein und Schein ergeben.

Das **Ordensdrama**, das an den von den Jesuiten geführten Gymnasien im Sinne der Gegenreformation gepflegt wird, behandelt die Flüchtigkeit irdischen Glücks. Häufig treten dabei Tugend und Laster als allegorische Figuren auf und machen die Bekehrungsabsicht dieses Dramentypus sichtbar. Im Mittelpunkt der **Märtyrerdramen** stehen das Leben, Leiden und

X·L I.

Du muſt leyden/
Oder meyden.

Der du alles ab wilſt brechen/
Laß mir meine Zweige ſtehn/
Sonſten wird mein Dorn dich ſtechen/
Daß du muſt von hinnen gehn.

Abb. 1: »Du musst leiden / Oder meiden«. Emblem aus: Johannes Camerarius d. J., *Vierhundert Wahl-Sprüche und Sinnen-Bilder*, Mainz 1671

Sterben christlicher Menschen. Bekanntes Beispiel ist das von Andreas Gryphius (1616–1664) verfasste Drama *Catharina von Georgien* (1657).

Emblematik

Das **Emblem** ist eine typische Text-Bild-Form des Barock. Embleme sind allegorische Bilder, die mit Textergänzungen versehen sind. Sie bestehen aus drei Teilen:

- einer Überschrift (*inscriptio*), z. B. eine Sentenz, ein Sprichwort, ein Motto etc. (hier: »Du musst leiden / Oder meiden«)
- einem Bild (*pictura*), z. B. Tiere, Pflanzen, historische, mythologische, biblische Figur etc.
- einer Erklärung (*subscriptio*), welche die Überschrift und das Bild verbindet und somit Hinweise für das Verständnis liefert.

Alles zusammen vermittelt einen tieferen Sinn und lässt sich als Aussage oder Lehrsatz entziffern.

Auch die Gedichtform Sonett lässt sich als Ausformulierung eines Emblems in Gedichtform deuten.

- Die Überschrift entspricht dem Motto = *inscriptio*
- Die Quartette entsprechen dem Bild = *pictura*
- Die Terzette entsprechen dem Text = *subscriptio*

Themen und Motive

Der Dreißigjährige Krieg und das Leiden der Menschen sind die prägende Erfahrung der Epoche. Tod, Leiden, Trauer, Vergänglichkeit und Not sind Motive, die immer wieder durchgespielt und oft im Kontrast zu Sinnenfreude und Lebenslust gestaltet werden. Folgende Motive sind besonders prägend:

- *Memento mori* (»Bedenke, dass du sterben wirst!«): Der Gedanke an den Tod ist angesichts der Schrecken des Kriegs und der Seuchen im Barock allgegenwärtig.
- *Carpe diem* (»Nutze den Tag!«): Dieses Motiv ruft dazu auf, das Leben zu genießen und fröhlich zu sein. Es steht im Kontrast zum *Memento mori*-Motiv und stellt den Versuch dar, durch Genuss, Tanzen, Feiern und Erotik die *vanitas* zu überwinden.
- *Vanitas* (»Vergänglichkeit«): Das *Vanitas*-Motiv thematisiert die Begrenztheit und Vergänglichkeit irdischen Daseins im Gegensatz zur jenseitigen Ewigkeit.
- *Fortuna* (»zufälliges Schicksal«): Das *Fortuna*-Motiv ruft die plötzlichen Schicksalswechsel ins Bewusstsein, die in Zeiten von Krieg und Krankheiten häufig die Biographien bestimmen.

1.5 Wichtige Autoren und Werke

- Martin **Opitz** (1597–1639): *Das Buch von der Deutschen Poeterey* (1624)
- Andreas **Gryphius** (1616–1664): Sonette, u. a. *Tränen des Vaterlandes* (1636); *Menschliches Elende* (1637)
- Christian **Hofmann von Hofmannswaldau** (1617–1679): *Poetische Grabschriften* (1662)
- Hans Jakob Christoffel von **Grimmelshausen** (1621–1676): *Der Abentheurliche Simplicissimus Teutsch* (1668)

2 Aufklärung (1720–1785)

Checkliste

- [x] Emanzipation des Bürgertums
- [x] Erziehung
- [x] Empirismus und Rationalismus
- [x] Herrschaft der Vernunft
- [x] Toleranz
- [x] Tugend
- [x] Verstandesdichtung (Gottsched)
- [x] Empfindsamkeit (Lessing)
- [x] Einheit von Ort, Zeit, Handlung
- [x] Katharsis
- [x] Fabel
- [x] Aphorismus
- [x] Briefroman
- [x] Bildungsroman
- [x] Gedankenlyrik
- [x] Lehrgedicht
- [x] Bürgerliches Trauerspiel
- [x] Ständeklausel

2.1 Zeitgeschichtlicher Kontext

Mit dem Begriff »Aufklärung« wird eine gesamteuropäische geistige Bewegung seit Ende des 17. Jahrhunderts bezeichnet, die vor allem das 18. Jahrhundert prägt. Politisch und gesellschaftlich verschärft sich seit dem Ende des 17. Jahrhunderts der Konflikt zwischen Adel und Bürgertum. Er entlädt sich schließlich in der Französischen Revolution (1789). Das Bürgertum, dem die Schriftsteller angehören, ist nicht mehr gewillt, die politische und kulturelle Vorherrschaft des Adels als gottgegeben und widerspruchslos hinzunehmen. Es strebt nach **Emanzipation** von der Willkürherrschaft des Adels. Eine tendenziell kritische Haltung nimmt das gebildete Bürgertum auch gegenüber der Kirche ein. Die wichtigsten Interessen des Bürgertums sind **Erziehung** und Bildung. Gegenüber dem Adel, dem Zügellosigkeit vorgeworfen wird, grenzt sich das Bürgertum durch strenge Moralvorstellungen ab.

Die Bewegung der Aufklärung hat ihren Ursprung in zwei philosophischen Denkrichtungen, dem **Empirismus** und dem **Rationalismus**:

1730	1740	1755	1763
Gottsched: *Versuch einer kritischen Dichtkunst*	Friederich II., »der Große«, wird König von Preußen (bis 1786)	Erdbeben von Lissabon	Beginn des Siebenjährigen Kriegs (Preußen – Österreich, bis 1763)

Empirismus	Rationalismus
• *Wichtigste Vertreter:* • Thomas Hobbes (1588–1679) • David Hume (1711–1776) • John Locke (1632–1704)	• *Wichtigste Vertreter:* • René Descartes (1596–1650) • Denis Diderot (1713–1784) • Voltaire (1694–1778) • *Wichtigste Vertreter in Deutschland:* • Immanuel Kant (1724–1804) • Gotthold Ephraim Lessing (1729–1781)
Kernthese: Der Mensch gewinnt die Erkenntnis aus der Erfahrung.	*Kernthese:* Der Mensch kann allein durch die Vernunft zu uneingeschränkten Erkenntnissen kommen.

2.2 Leitgedanken

Der Gedanke von der **Herrschaft der Vernunft** und der Rationalität prägt das Weltbild der Aufklärung. In Deutschland wird die Aufklärung philosophisch maßgeblich von Immanuel Kant beeinflusst. In seiner Schrift *Was ist Aufklärung?* (1784) stellt er sein berühmt gewordenes Postulat auf:

1776	1779	1783	1789
Unabhängigkeitserklärung der Vereinigten Staaten von Amerika	Lessing: *Nathan der Weise*	Immanuel Kant: *Was ist Aufklärung?*	Französische Revolution

Aufklärung ist der Ausgang des Menschen aus seiner selbstverschuldeten Unmündigkeit. Unmündigkeit ist das Unvermögen, sich seines Verstandes ohne Leitung eines anderen zu bedienen.

Selbst verschuldet ist die Unmündigkeit, wenn die Ursache derselben nicht am Mangel des Verstandes, sondern der Entschließung und des Mutes liegt, sich seiner ohne Leitung eines anderen zu bedienen. Sapere aude! Habe Mut, dich deines eigenen Verstandes zu bedienen! ist also der Wahlspruch der Aufklärung.

Weltbild vor der Aufklärung	Weltbild der Aufklärung
• absolutistischer Staat • ständische Gesellschaft (Klerus, Adel, Bürger/Bauern mit unterschiedlichen Rechten) • Religion und Glaube (kirchliche Dogmen) zentral • Bibel und christliche Tradition als Wissensquelle • Orientierung an jenseitiger Welt • Religionskriege	• Verfassungsstaat • Gleichheit und Freiheit aller Menschen • Verstand und Vernunft zentral • Naturwissenschaften und Erfahrungen als Wissensquelle • Orientierung an diesseitiger Welt • religiöse **Toleranz**, Menschenrechte

2.3 Konzeption der Literatur

Die Literatur begleitet den Prozess der Aufklärung und fördert ihn. Mit Hilfe der Literatur wird das philosophische Gedankengut verbreitet. Die meisten Gattungen der Aufklärung zielen auf die Bildung und Erziehung des Lesers zur **Tugend** ab. Die

Literatur hat demnach eine didaktische Aufgabe. Sie soll nützen und erfreuen (lat. *prodesse et delectare*).

Es lassen sich zwei Hauptphasen unterscheiden: Bis 1740 steht die Literatur im Zeichen Johann Christoph Gottscheds (1700–1766), der für eine reine **Verstandesdichtung** steht, ☑ und in der zweiten Hälfte des 18. Jahrhunderts im Zeichen Gotthold Ephraim Lessings (1729–1781), der die Verknüpfung aufklärerischen Handelns mit Empfindungen und Natürlichkeit fordert (**Empfindsamkeit**). ☑ Die beiden Gelehrten vertreten konträre literaturtheoretische Positionen. Dies zeigt sich am deutlichsten an ihren jeweiligen Vorstellungen des Dramas:

Literaturauffassung Gottscheds	Literaturauffassung Lessings
• Orientierung am französischen Klassizismus (Corneille, Racine) • Einhaltung der **drei Einheiten** (Ort, Zeit, Handlung) • Beachtung der Ständeklausel im Drama • ideale Charaktere mit belehrender Funktion • hoher Stil (Tragödie) • Vernunft • Furcht und Schrecken als Weg zur moralischen Belehrung **(Katharsis)** • Alexandriner • moraldidaktische Funktion von Literatur	• Orientierung am englischen Theater (Shakespeare) • Bruch mit den **drei Einheiten** ☑ • Aufhebung der Ständeklausel im Bürgerlichen Trauerspiel • gemischte, realistische Charaktere • Sprachstil wird dem Inhalt angepasst • Emotion • Mitleid und Einfühlung als Weg zur sittlichen Läuterung **(Katharsis)** ☑ • Blankvers • aufklärerische Funktion von Literatur

2.4 Literarische Formen, Themen und Motive

Epik

Epische Kleinformen erfreuen sich äußerster Beliebtheit. Die **Fabel** avanciert zur literarischen Hauptgattung der Aufklärung. In vielen Fabeln werden aufklärerische Ideen verbreitet. Hauptvertreter sind Christian Fürchtegott Gellert (1715–1769), Friedrich von Hagedorn (1708–1754), Gottlieb Konrad Pfeffel (1736–1809) und Gotthold Ephraim Lessing (1729–1781). Sehr beliebt ist in der Aufklärung auch der **Aphorismus**, der kurz, pointiert und überraschend unmoralische, irrationale, nur aus der Tradition begründete Aspekte des Verhaltens und der gesellschaftlichen Gepflogenheiten offenlegt. Bedeutend und bis heute gelesen sind die Aphorismen Georg Christoph Lichtenbergs (1742–1799).

Weitere in der Aufklärung beliebte epische Formen sind der **Brief-** und **Bildungsroman** sowie moralische Wochenschriften. Auch literaturtheoretische Schriften und Enzyklopädien gelten als Instrumente der Aufklärung.

Lyrik

Die Lyrik der Aufklärung zeichnet sich formal durch ein großes Spektrum aus.

Die **Gedankenlyrik** vermittelt im Rahmen allgemeiner Naturbetrachtungen allgemeine philosophische Anschauungen. Das **Lehrgedicht** veranschaulicht aufklärerisches Gedankengut, Oden und Hymnen preisen das religiöse Erleben in aufgeklärtem Sinn.

Abb. 2: Minerva, die Göttin der Weisheit, erleuchtet Vertreter aller Religionen (Daniel Chodowiecki, 1791)

Drama

Das Drama der Aufklärungszeit ist konzeptionell durch die gegensätzlichen Auffassungen von Gottsched und Lessing geprägt. Mit seinem Drama *Miss Sara Sampson* (1755) begründet Lessing das **Bürgerliche Trauerspiel**, das neben der Fabel die literarische Hauptgattung der Aufklärung bildet. Mit *Emilia Galotti* (1772) stellt er eine Bürgerliche in den Mittelpunkt einer dramatischen Handlung und thematisiert wie kaum ein anderer vor ihm den Konflikt zwischen Adel und Bürgertum. Er hebt damit die sogenannte **Ständeklausel** auf. Die noch für Gottsched verbindliche Vorschrift postuliert, dass in der Tragödie nur »hohe« Personen, also Adlige und Herrscher, auftreten dürfen. Der (bürgerliche) Zuschauer soll sich mit dem Protagonisten identifizieren und sich durch Mitleiden sittlich verbessern. Zentrale Themen des Bürgerlichen Trauerspiels sind die Gegenüberstellung von bürgerlichem Tugendideal und Adelswillkür, Emanzipation von kirchlichen Dogmen und Kritik an der absolutistischen Willkürherrschaft.
In seinem Drama *Nathan der Weise* (1779) formuliert Lessing ein Plädoyer für überkonfessionelle Toleranz.

2.5 Wichtige Autoren und Werke

- Johann Christoph **Gottsched** (1700–1766): *Versuch einer kritischen Dichtkunst* (1730)
- Christian Fürchtegott **Gellert** (1715–1769): *Das Leben der schwedischen Gräfin von G.* (1747/48)
- Friedrich Gottlieb **Klopstock** (1724–1803): *Der Messias* (1760)
- Immanuel **Kant** (1724–1804): *Kritik der reinen Vernunft* (1781)
- Gotthold Ephraim **Lessing** (1729–1781): *Emilia Galotti* (1772); *Nathan der Weise* (1779)

3 Sturm und Drang (1765–1789)

Checkliste

- ☑ Rückkehr zur Natur
- ☑ Gefühl
- ☑ Mensch von Natur aus »gut«
- ☑ Freiheit
- ☑ Protest
- ☑ Genieästhetik
- ☑ Originalität
- ☑ Vorbild: Shakespeare
- ☑ Briefroman
- ☑ Erlebnislyrik
- ☑ freie Metrik, freie Verse, freie Rhythmen
- ☑ offene Dramenform
- ☑ Hyperbel und Metapher
- ☑ Kraftausdrücke
- ☑ Sozialkritik
- ☑ Vater-Sohn-Konflikt
- ☑ Kindstötung

3.1 Zeitgeschichtlicher Kontext

Noch im letzten Drittel des 18. Jahrhunderts herrschen trotz Aufklärung und fortschrittlicher Ideen Fürstenwillkür, Ständegesellschaft und Despotismus. Zugleich wirken aber z. B. die Unabhängigkeitserklärung der amerikanischen Siedler von 1776 und der anschließende Krieg gegen die Kolonialmacht England als Aufbruchssignal, während zugleich der Verkauf von Untertanen als Soldaten an England durch einzelne Fürsten die kritische Haltung unter den Autoren in Deutschland verschärft. Der französische Philosoph Jean-Jacques Rousseau (1712–1778) gehört zu den einflussreichsten Denkern dieser Zeit, die eine substanzielle Kritik an den Einseitigkeiten der Aufklärung üben, insbesondere durch die Aufforderung zur **Rückkehr zur Natur**, zum Einfachen und Ursprünglichen.

3.2 Leitgedanken

Mit der Aufklärung beginnt auch die Kritik an ihr. Der Satz »Gefühl ist mehr als Denken« von Jean-Jacques Rousseau wird zum Leitbild der jungen Dichtergeneration, die im letzten Drittel des 18. Jahrhunderts in Erscheinung tritt und die Protestbewegung des Sturm und Drang prägt. Die jungen Autoren radi-

1762	1772	1774	1776
Rousseau: *Émile*	Erste Teilung Polens zwischen Russland, Preußen und Österreich	Goethe: *Die Leiden des jungen Werthers*	Klinger: *Sturm und Drang* (Drama)

kalisieren den Freiheitsgedanken der Aufklärung und ergänzen die Bedeutung des Verstandes durch die zentrale Rolle des **Gefühls** als vitaler Lebenskraft. Gegenüber der intellektuellen Einseitigkeit der Aufklärung zeichnet sich der Sturm und Drang durch die Steigerung des Gefühlslebens aus. Die Stürmer und Dränger propagieren die Idee des selbstbestimmten, sich selbst verwirklichenden Menschen. Sie distanzieren sich von der Vernunftnatur der Aufklärung und setzen an ihre Stelle die Rückbesinnung auf die unverfälschte Einzigartigkeit der Natur. Der **Mensch** gilt als **von Natur aus »gut«**; erst durch die gesellschaftlichen Überformungen (Kultur) hat er sich davon entfernt. Damit zeichnet sich der Konflikt zwischen dem Naturmenschen und der bestehenden Kultur ab.

Die **Freiheit**, dem eigenen Empfinden Ausdruck zu verleihen und dabei auf Nachahmung und Regeltreue zu verzichten, bildet die Grundlage des Geniekults. Leitfigur, etwa in den Gedichten Goethes, ist der Titanensohn Prometheus, der sich gegen die Götterwelt auflehnt. Der **Protest** der Stürmer und Dränger richtet sich gegen den Despotismus der absolutistischen Herrscher und die Adelswelt sowie gegen enge gesellschaftliche Konventionen und die strengen Moralvorstellungen des Bürgertums.

1776	1778	1784	1789
Soldatenhandel Hessens mit England für den amerikanischen Unabhängigkeitskrieg	Rousseau gestorben (geb. 1712)	Schiller: *Kabale und Liebe*	Französische Revolution

Vergleich Aufklärung – Sturm und Drang	
Aufklärung	**Sturm und Drang**
• europäische philosophische Strömung des 18. Jahrhunderts • Glaube an die Vernunft • Erziehung zur Tugend • Verlangen nach Gleichberechtigung, Volkssouveränität • Ideal der Familie • Leitsatz: »Habe Mut, dich deines eigenen Verstandes zu bedienen« (Kant)	• deutsche literarische Strömung in der 2. Hälfte des 18. Jahrhunderts • Vitalität, Ursprünglichkeit und Gefühlsbetontheit • Verlangen nach Freiheit (auch von gesellschaftlichen Normen) • Skepsis gegenüber dem Kulturfortschritt • Vater-Sohn-Konflikt, Kindsmord • Leitsatz: »Zurück zur Natur!« (Rousseau)

3.3 Konzeption der Literatur

Die literarische Strömung Sturm und Drang ist nach dem gleichnamigen Drama *Sturm und Drang* (1776) von Friedrich Maximilian Klinger (1752–1831) benannt.

Die Literaturauffassung des Sturm und Drang bezeichnet man als **Genieästhetik**. Sie zeichnet sich durch die Abkehr von der Regelpoetik aus. Kunst gilt nicht mehr als erlernbar, sondern als besondere Begabung. Die Kernforderung an den Dichter ist spontane, schöpferische Eigenständigkeit: **Originalität**; als Maßstab für die Literatur gilt nun die individuelle und unkonventionelle Leistung des »Genies«. Poetologisches Leitbild ist also das schöpferische Originalgenie. Dieses erkennt keine anderen Regeln an, außer den eigenen. Als großes **Vorbild** gilt **William Shakespeare** (1564–1616).

3.4 Literarische Formen, Themen und Motive

Epik

Der **Briefroman** etabliert sich als bedeutendste epische Gattung. Er eignet sich dazu, subjektive Gefühle, Natur und Sozialkritik zum Ausdruck zu bringen. *Die Leiden des jungen Werthers* (1774) von Johann Wolfgang Goethe erfreut sich großer Popularität, avanciert zum bedeutendsten Briefroman seiner Zeit und macht Goethe weltberühmt.

Lyrik

In der **Erlebnislyrik** hat der Ausdruck von Gefühlen Vorrang. Folgerichtig verlieren auch Oden und Hymnen ihren rationalen und moralisierenden Charakter und dienen nun dem Ausdruck von Gefühlen. Da die Stürmer und Dränger starre Dichtungsregeln und abstrakte Überlegungen ablehnen, missachten sie konsequenterweise auch die strenge Formkunst des Barock und der Aufklärung. An ihre Stelle treten **freie Metrik, freie Verse, freie Rhythmen**. Die Erlebnislyrik strebt den Ausdruck eines intensiven, persönlichen Erlebens an (das man gleichwohl nicht umstandslos mit den tatsächlichen, biographischen Erfahrungen des Dichters gleichsetzen darf). Oft zeigt die Lyrik auch eine Nähe zum Volkslied oder fasst ein pantheistisch geprägtes Naturgefühl in Sprache (Pantheismus: Vorstellung, dass Gott und Natur eins sind). Viele Gedichte weisen eine sozialkritische Tendenz auf. Prototypisch sind Johann Wolfgang Goethes *Prometheus* (1774) und Gottfried August Bürgers *Lenore* (1773) sowie *Der Bauer. An seinen durchlauchtigen Tyrannen* (1773).

Drama

Die wichtigste literarische Gattung im Sturm und Drang ist das Drama. Mit den überkommenen Regeln wird radikal gebrochen. Shakespeare gilt aufgrund seiner **offenen Dramenform** als Vorbild. Die Abkehr vom klassischen Drama zeigt sich darin, dass Figuren aus unterschiedlichen Schichten Eingang in die Handlung finden. Die Sprache ist leidenschaftlich, emotional. Gern werden übertreibende (**Hyperbel**) und bildhafte Stilmittel (**Metaphern**) verwendet. Sie ist, bis dahin undenkbar, von **Kraftausdrücken** und Flüchen (man denke an das berühmte »Götz-Zitat« in Goethes *Götz von Berlichingen*, 1773: »Er aber, sag's ihm, er kann mich im Arsch lecken«) sowie ungrammatischen und abgebrochenen Sätzen durchsetzt. Volksnähe und häufiger Szenen- und Ortswechsel sind weitere prägende Merkmale. Der inhaltliche Fokus liegt auf den aktuellen gesellschaftlichen Problemen und Konflikten: **Sozialkritik**. Dabei widersetzt sich der Held der bestehenden Gesellschaftsordnung und lehnt sich gegen sie auf. Oft wird dabei auch das bürgerliche Familienideal der Aufklärung infrage gestellt. Das zeigt sich etwa in **Vater-Sohn-Konflikten** (z. B. Friedrich Schiller, *Die Räuber*, 1781; *Kabale und Liebe*, 1784) oder im Motiv des verführten Mädchens und der **Kindstötung** (z. B. Heinrich Leopold Wagner, *Die Kindermörderin*, 1776).

3.5 Wichtige Autoren und Werke

- Johann Wolfgang **Goethe** (1749–1832): *Götz von Berlichingen* (1773); *Die Leiden des jungen Werthers* (1774)
- Jakob Michael Reinhold **Lenz** (1751–1792): *Der Hofmeister oder die Vorteile der Privaterziehung* (1774)
- Friedrich **Schiller** (1759–1805): *Die Räuber* (1781); *Kabale und Liebe* (1784)

4 Klassik (1786–1805/32)

Checkliste

- [x] Weimarer Klassik
- [x] Idealismus
- [x] Harmonie
- [x] Humanität
- [x] Formbewusstsein
- [x] Autonomie der Kunst
- [x] Schönheit
- [x] das Allgemeingültige
- [x] naive und sentimentalische Dichtung (Schiller)
- [x] Bildungsroman
- [x] antike Genres
- [x] Gedankenlyrik
- [x] Ballade: »Ur-Ei« der Dichtung (Goethe)
- [x] Ideendrama
- [x] Konflikte im Inneren der Figuren

4.1 Zeitgeschichtlicher Kontext

Der historische Kontext der Klassik ist gekennzeichnet durch große politische Umwälzungen in ganz Europa, v. a. die Französische Revolution (1789). Der Versuch, die Ideen der Aufklärung in die politische Wirklichkeit umzusetzen, mündet in eine Radikalisierung, die in der Terrorherrschaft der Jakobiner (1792–94) ihren Höhepunkt findet. Spätestens mit der jakobinischen Schreckensherrschaft unter Robespierre (1758–1794) wendet man sich auch in Deutschland von der anfänglichen Begeisterung für die Französische Revolution wieder ab.

Als Klassik bezeichnet man im weiteren Sinne die Epoche zwischen Goethes Italienreise (1786) und seinem Tod (1832). Die Epoche im engeren Sinne, die sogenannte **Weimarer Klassik**, ist die Kernphase und gilt oft als die Blütezeit der deutschen Literatur. Sie endet mit Schillers Tod (1805). Geprägt ist diese Zeitspanne durch die Freundschaft und enge Zusammenarbeit zwischen Goethe und Schiller. Die Stadt Weimar bildet zu dieser Zeit den kulturellen Mittelpunkt Deutschlands und lockt neben Goethe und Schiller weitere bedeutende Persönlichkeiten wie Christoph Martin Wieland (1733–1813) und Johann Gottfried Herder (1744–1803) an.

1781	1786	1787	1789	1790	1800
Kant: *Kritik der reinen Vernunft*	Goethes italienische Reise (bis 1788)	Goethe: *Iphigenie auf Tauris*	Französische Revolution	Kant: *Kritik der Urteilskraft*	Schiller: *Maria Stuart*

Abb. 3: Goethe und Schiller, Denkmal in Weimar von E. Rietschel (1857)

4.2 Leitgedanken

Die ideelle Basis der Klassik ist der deutsche **Idealismus**. Diese philosophische Strömung nimmt ihren Ausgangspunkt bei Immanuel Kant (1724–1804). In seiner *Kritik der reinen Vernunft*

1805	1805	1806	1808	
Beginn der Napoleonischen Kriege	Tod Schillers (Ende der sog. Weimarer Klassik)	Ende des Heiligen Römischen Reiches Deutscher Nation	Goethe: *Faust I*	Tod Goethes

(1781) befasst er sich mit der menschlichen Erkenntnisfähigkeit. Dabei stellt er fest, dass eine absolute Erkenntnis nicht möglich sei und unsere Wahrnehmungen nicht der tatsächlichen Wirklichkeit entsprächen. Der Erkenntnisprozess sei an die besondere Bewusstseinsstruktur des Erkennenden gebunden und daher stets subjektiv belastet. In seiner Abhandlung *Kritik der Urteilskraft* (1790) befreit Kant die Kunst von gesellschaftlichen, moralischen und weltanschaulichen Einflüssen. Schöne Kunst verfüge über einen Eigenwert und repräsentiere eine überbegriffliche Idee. Die Zweckmäßigkeit der Kunst sei demnach die Kunst selbst.

☑ ☑ Geprägt ist die Klassik von den Leitideen der **Harmonie** und **Humanität**. Ziel dabei ist der Ausgleich der Gegensätze zwischen Verstand und Gefühl, Pflicht und Neigung, Geist und Natur, Anspruch der Gesellschaft und Recht des Einzelnen, Gesetz und Freiheit. Die angestrebte Übereinstimmung von Mensch und Natur führt zu einer Orientierung an der griechisch-römischen Antike.

4.3 Konzeption der Literatur

Angeregt wird das Literaturideal der Klassik durch die Kunsttheorie Johann Joachim Winckelmanns (1717–1768): Diese sieht ☑ **Formbewusstsein**, Einfachheit, Maß und Harmonie von Körper und Geist als Bedingung abendländischer ›Größe‹ vor. Die Literatur der Weimarer Klassik zeichnet sich durch die Orientierung an der Antike aus. Kunst soll – damit grenzt sich die ☑ Klassik vom Sturm und Drang ab – **autonom** sein und nicht zu gesellschaftlichen oder politischen Zwecken instrumentalisiert werden. Sie soll ein an sich vollendetes Ganzes ergeben. Vollen☑dung und **Schönheit** sind Ziele für sich.

An die Stelle der Individualität und Subjektivität des Sturm und Drang tritt das **Allgemeingültige**. Die »ästhetische Erziehung des Menschen« (Schiller) ist Ziel der Dichtung. Schiller formuliert damit die Erwartung, dass die Veredelung des Menschen durch Kunst und Dichtung vollzogen werden soll. Entweder kann das reine Ideal, die vollständige Harmonie, literarisch in seiner Vollkommenheit dargestellt werden und tritt dann in einen Gegensatz zur Wirklichkeit (Schiller nennt das die **naive** Form), oder es wird die unvollkommene, unharmonische Realität in ihrem Gegensatz zum Ideal dargestellt (Schiller nennt das die **sentimentalische Form**).

4.4 Literarische Formen, Themen und Motive

Epik

Beliebte epische Gattung ist der **Bildungsroman**. In dessen Mittelpunkt steht die Ausbildung geistiger und seelischer Fähigkeiten des Helden. Zentral ist die volle Entfaltung der menschlichen Begabungen in harmonischer Einbindung in die Gesellschaft.

Lyrik

Die Lyrik zeichnet sich durch den Rückgriff auf **antike Genres** und Metren (Hymne, Elegie, Ode und Lehrgedicht) aus. Diese strengen Formen ermöglichen die Darstellung des Schönen, Guten und Wahren. Wichtig ist dabei die Übereinstimmung von Inhalt und Form. Verbreitet ist die **Gedankenlyrik**, durch die an einem konkreten Gegenstand allgemeine, weltanschauliche und ästhetische Reflexionen vermittelt werden. Wichtigster Repräsentant neben Goethe und Schiller ist Friedrich

☑ Hölderlin (1770–1843). Bedeutend ist zeitweise auch die **Ballade**, in der sich nach Goethe alle drei Gattungen, Lyrik, Epik und Dramatik, verbinden (**»Ur-Ei« der Dichtung**).

Drama

Das Drama ist die bedeutendste Gattung der Weimarer Klassik. ☑ Vor allem das **Ideendrama**, das in einer strengen, geschlossenen Form, oft in Versen und mit komplexem Satzbau statt natürlicher Sprache, verfasst ist, veranschaulicht Ideale wie Humanität, Freiheit und Gerechtigkeit. Im Gegensatz zur Aufklärung und zum Sturm und Drang entwickeln sich dramatische **Konflikte** nicht aus dem Gegensatz zwischen Adel und Bür- ☑ gertum, sondern sie werden **ins Innere der Figuren** verlagert. Das Drama ermöglicht es, die inneren und äußeren Konflikte des Menschen darzustellen.

4.5 Wichtige Autoren und Werke

- Johann Wolfgang **Goethe** (1749–1832): Epik: *Wilhelm Meisters Lehrjahre* (1795); Drama: *Iphigenie auf Tauris* (1787); *Faust I* (1808); Lyrik: *Das Göttliche* (1783); *Römische Elegien* (1795); *Der Zauberlehrling* (Ballade, 1797)
- Friedrich **Schiller** (1759–1805): Drama: *Don Carlos* (1787); *Maria Stuart* (1800); Lyrik: *Die Götter Griechenlands* (1788); *Der Spaziergang* (1795); *Die Kraniche des Ibykus* (Ballade, 1797)
- Friedrich **Hölderlin** (1770–1843): Epik: *Hyperion oder Der Eremit in Griechenland* (1797/99); Lyrik: *Brot und Wein* (1800); *Hälfte des Lebens* (1804)

5 Romantik (1790–1835)

Checkliste

- [x] Sehnsucht
- [x] All-Einheit
- [x] Auflösung von Grenzen
- [x] Mittelalter
- [x] Gegenbewegung zur Aufklärung und zur Klassik
- [x] Phantasie
- [x] »progressive Universalpoesie« (Friedrich Schlegel)
- [x] Poetisierung der Welt
- [x] Fragment
- [x] romantische Ironie
- [x] Märchen
- [x] Aufhebung der Gattungsgrenzen
- [x] Schauerroman / schwarze Romantik
- [x] Volkslied
- [x] Synästhesie
- [x] Fragment
- [x] Symbol der »blauen Blume«

5.1 Zeitgeschichtlicher Kontext

Der Hintergrund der Epoche der Romantik ist von dramatischen politischen und gesellschaftlichen Änderungen geprägt. Das wichtigste historische Ereignis ist die Französische Revolution (1789), die in die »Schreckensherrschaft« Robespierres mündet. Die anschließende Herrschaft Napoleons führt 1806 zur Auflösung des Heiligen Römischen Reiches Deutscher Nation. Die sogenannten Befreiungskriege gegen Napoleon (1813–15) prägen ein neues nationales Selbstbewusstsein.

5.2 Leitgedanken

Romantik als literarische Epoche hat wenig mit dem zu tun, was wir heute im Alltagsgebrauch unter »romantisch« verstehen. Der Begriff »Romantik« bezeichnet eine literarische Richtung, die die unentwegte Suche, die **Sehnsucht** nach einem festen Grund (in der **All-Einheit** mit der Natur oder im Versenken in sich selbst, in der Religion usw.) ohne Hoffnung auf Erfolg in den Mittelpunkt stellt. Die Romantik sucht, anders als die Klassik, die Harmonie nicht im rationalen Ausgleich widerstrebender Kräfte, sondern in der **Auflösung von Grenzen**: zwischen Realität und Phantasie, zwischen Leben und Kunst, zwischen Vernunft und Religion, zwischen hoher Kunst und

1793	1798	1806	1812	1813
Hinrichtung der frz. Königs Ludwig XVI.	Friedrich Schlegel: *Athenaeum-Fragmente* (»progressive Universalpoesie«)	Zusammenbruch Preußens	Grimm: *Kinder- und Hausmärchen*	Beginn der »Befreiungskriege« gegen Napoleon

Volksdichtung, zwischen den literarischen Gattungen. Die Antike als Bezugspunkt der klassischen Literatur wird (besonders seit der Hochromantik) vom **Mittelalter** abgelöst, das als Epoche der Ursprünglichkeit und Einheit zu einem »goldenen Zeitalter« idealisiert wird. Hier sehen die Romantiker die Ursprünge der deutschen Nation und ihrer Dichtung. In der Zeit der Romantik Zeit beginnt auch die wissenschaftliche Erforschung der deutschen Sprache und Literatur (Germanistik).

Die Romantik versteht sich ausdrücklich als **Gegenbewegung zur Aufklärung und zur Klassik**. Nicht die Vernunft, sondern die **Phantasie** gilt als wirkmächtig. Die Romantiker haben oft eine Nähe zur (katholischen) Religion.

Die Epoche der Romantik wird üblicherweise in folgende drei Phasen mit je unterschiedlichen Zentren eingeteilt:

Phasen der Romantik	Zentren der Romantik	wichtige Vertreter
Frühromantik oder Jenaer Romantik (1798–1804)	Jena	• Ludwig Tieck • Novalis • Friedrich Schlegel • August Wilhelm Schlegel • Wilhelm Heinrich Wackenroder

- **1815** – Sieg über Napoleon und Wiener Kongress, Beginn der Restauration
- **1817** – Hoffmann: *Der Sandmann*
- **1817** – Wartburgfest
- **1826** – Eichendorff: *Aus dem Leben eines Taugenichts*

Hochromantik oder Heidelberger Romantik (1804–1818)	Heidelberg Berlin	• E. T. A. Hoffmann • Clemens Brentano • Achim von Arnim • Jacob und Wilhelm Grimm
Spätromantik oder Berliner Romantik (1818–1835)	Berlin	• Joseph von Eichendorff • Adelbert von Chamisso • Adam von Müller

5.3 Konzeption der Literatur

Progressive Universalpoesie

Die Konzeption der Literatur in der Romantik lässt sich mit ☑ dem Begriff **»progressive Universalpoesie«** überschreiben. Friedrich Schlegel (1772–1829) definiert diesen Begriff in seinem berühmten 116. Fragment der *Athenaeum-Fragmente* folgendermaßen:

> Die romantische Poesie ist eine progressive Universalpoesie. Ihre Bestimmung ist nicht bloß, alle getrennten Gattungen der Poesie wieder zu vereinigen und die Poesie mit der Philosophie und der Rhetorik in Berührung zu setzen. Sie will und soll auch Poesie und Prosa, Genialität und Kritik, Kunst, Poesie und Naturpoesie bald mischen, bald verschmelzen, die Poesie lebendig und gesellig und das Leben und die Gesellschaft poetisch machen.
>
> (Friedrich Schlegel, *Athenaeum-Fragmente*, Nr. 116)

Das Ziel ist die Auflösung der Grenzen nicht nur der Literaturgattungen untereinander, sondern auch zwischen Poesie und ☑ Leben, d. h. die **Poetisierung der Welt** (= »Universalpoesie«).

Abb. 4: Caspar David Friedrich, *Klosterruine von Eldena* (um 1825)

Betrachtet wird dies allerdings als dauerhafte, d. h. nie abgeschlossene (und insofern »progressive«) Aufgabe. Die All-Einheit bleibt daher Objekt der Sehnsucht ohne Erfüllung. Die für die Romantik typische Form des **Fragments**, in die Schlegel diesen Gedanken kleidet, ist eine formale Entsprechung zu diesem Gedanken.

Romantische Ironie

Als **romantische Ironie** wird ein künstlerisches Verfahren bezeichnet, bei dem der Autor die Illusion, die sein Werk erzeugt hat, wieder zerstört und so die Grenzen zwischen Phantasie und Wirklichkeit auflöst. Realisiert wird die romantische Ironie mit Hilfe von Unterbrechungen des Erzählflusses. Dazu zählen Einschübe, literaturtheoretische Überlegungen und Reflexionen des Autors oder Erzählers. Das Drama *Der gestiefelte Kater* (1797) von Ludwig Tieck (1773–1853) gilt als beispielhaft für die praktische Umsetzung der romantischen Ironie.

5.4 Literarische Formen, Themen und Motive

Epik

Epische Formen werden in der Romantik besonders gepflegt. Durch das romantische Interesse an Volkspoesie erfreuen sich ☑ **Märchen** und Volkslieder äußerster Beliebtheit.

Volksmärchen	Kunstmärchen
• meist mündlich überliefert • wunderbarer Inhalt • eigene Spielregeln • eigene Weltordnung • Geschichte geht gut aus • greift auf typisierte Motive und Formeln zurück • einfache Sprache • einfache, typisierte Charaktere	• Autor ist bekannt • künstlerische Sprache • mehrdimensionale Charaktere • mehrstündige Handlung • komplexes Weltbild • keine Formeln • kein eindeutiges Happy End

Die wichtigste Gattung ist der Roman. Er integriert Gattungen wie Märchen, Lieder, Briefe, Gedichte etc. Damit erfüllt er die ☑ von den Romantikern geforderte **Aufhebung der Gattungsgrenzen**. Oft ist die Hauptfigur ein nicht angepasster, das bürgerliche Leben (»Philister«) ablehnender Held.

☑ Der **Schauerroman** der **schwarzen Romantik** thematisiert vor allem das Einbrechen des Bösen und Erschreckenden oder des Phantastischen und Übernatürlichen in die scheinbar normale Welt des Menschen. Berühmt geworden sind die Nachtstücke von E. T. A. Hoffmann (1776–1822), z. B. *Der Sandmann* (1815/16), aber auch Kriminalgeschichten wie *Das Fräulein von Scuderi* (1819) bereichern die Prosa der Romantik.

Lyrik

Die Lyrik der Romantik ist kunstvoll, liedhaft und am **Volkslied** orientiert. Novalis' Hymnen lassen die Versformen vermissen und erinnern eher an die Prosa. Die Lyrik der Romantik zeichnet sich durch Volkstümlichkeit und Liedhaftigkeit, Schlichtheit, sprachliche Musikalität sowie stereotyp wiederkehrende Naturbilder wie Mond, Wald, Sterne etc. aus. Wichtige Motive sind auch die Sehnsucht nach der Ferne, Wandern, Einsamkeit, Nacht. Ein typisches romantisches Stilmittel ist die **Synästhesie**, die die Grenzen zwischen verschiedenen Sinneseindrücken verschmelzen lässt.

Drama

Das Drama ist in der Romantik wenig ausgeprägt. Bedeutender Dramatiker ist Ludwig Tieck (1773–1853). In seiner Komödie *Der gestiefelte Kater* (1797) wechselt er nicht nur zwischen mehreren Ebenen der Fiktion, sondern veranschaulicht auch die Ironie-Auffassung der Romantik (vgl. romantische Ironie).

Das Fragment

Allgemein versteht man unter dem Begriff ›Fragment‹ ein unvollständiges Kunstwerk. In der Romantik avanciert das **Fragment** zu einer eigenständigen Kunstgattung, mit der bewusst ausgedrückt werden soll, dass jeder Gedanke und jedes Kunstwerk immer unvollendet bleiben muss.

Die blaue Blume

☑ Die »**blaue Blume**« ist ein wichtiges Symbol und zugleich Inbegriff der romantischen Poesie. Sie steht für die Sehnsucht nach universeller und unendlicher Einheit und Harmonie und damit für den unabschließbaren Prozess der Suche danach.

5.5 Wichtige Autoren und Werke

- **Novalis** (Friedrich von Hardenberg, 1772–1801): *Heinrich von Ofterdingen* (1802)
- Friedrich **Schlegel** (1772–1829): *Athenaeum-Fragmente* (1798–1800)
- E. T. A. **Hoffmann** (1776–1822): *Der Sandmann* (1817)
- Jacob und Wilhelm **Grimm** (1785–1863 bzw. 1786–1859): *Kinder- und Hausmärchen* (1812–1815)
- Joseph von **Eichendorff** (1788–1857): *Aus dem Leben eines Taugenichts* (1826)
- Wilhelm **Hauff** (1802–1827): *Das kalte Herz* (1826)

6 Biedermeier – Junges Deutschland / Vormärz (1815–1850)

Checkliste

Biedermeier

- [x] Restauration
- [x] Rückzug ins Private
- [x] Ordnung
- [x] bürgerliche Familie
- [x] Märchen
- [x] Künstler- und Familienroman
- [x] Novelle
- [x] Ballade
- [x] Idylle
- [x] Volksstück

Junges Deutschland / Vormärz

- [x] Julirevolution 1830 in Paris
- [x] Ablehnung des absolutistischen Staats
- [x] Thematisierung sozialer und politischer Missstände
- [x] Zensur
- [x] Exil
- [x] Publizistik
- [x] Reisebilder
- [x] politisch-satirische Gedichte
- [x] episches Drama
- [x] soziales Drama

6.1 Zeitgeschichtlicher Kontext

Der Zeitraum zwischen dem Wiener Kongress 1815 und der Märzrevolution 1848 (daher der Name »Vormärz«) ist durch die **Restauration** geprägt. Darunter versteht man die Wiederherstellung der gesellschaftlich-politischen Verhältnisse, wie sie vor der Französischen Revolution waren. Die Hoffnungen auf liberale Reformen werden im Wiener Kongress enttäuscht. Verschärft wird die Situation des Bürgertums insbesondere durch die Karlsbader Beschlüsse (1819), die das Recht der öffentlichen Meinungsäußerung stark einschränken. Die **Julirevolution 1830** in Frankreich, aus der das Bürgertum als entscheidende Kraft im Staat hervorgeht, zeigt auch Auswirkungen in Deutschland. Auf zahlreichen Kundgebungen werden ein deutscher Nationalstaat und freiheitliche Verfassungen gefordert. Die bedeutendste Demonstration dieser Art ist das Hambacher Fest im Mai 1832. Die Fürsten ergreifen drastische Maßnahmen, um den Freiheitsgedanken im Keim zu ersticken. Aufgehoben wird die Rede- und Versammlungsfreiheit. Die Zensur wird verschärft. Die Spannungen entladen sich in der Revolution von 1848, die mit der Frankfurter Paulskirchenverfassung kurzzeitig die Hoffnung auf einen demokratisch legitimierten deutschen Nationalstaat begründet. Die Bestrebungen des Bürgertums nach angemessener politischer Repräsentation scheitern allerdings.

1814/15	1819	1830	1831	1832
Wiener Kongress	Karlsbader Beschlüsse: Aufhebung der Pressefreiheit	Julirevolution in Frankreich	Grabbe: *Napoleon oder die hundert Tage*	Hambacher Fest

Die unterschiedliche Reaktion und Haltung des Bürgertums gegenüber Restauration und Revolution findet in den literarischen Strömungen des Biedermeier einerseits und des Jungen Deutschland bzw. Vormärz andererseits ihren Niederschlag. Die Literatur gerät in den Bann der neu entstehenden unterschiedlichen politisch-gesellschaftlichen Richtungen innerhalb des Bürgertums. Aus diesen ideologischen Grundhaltungen gehen nach 1848 die politischen Parteien hervor.

6.2 Leitgedanken des Biedermeier (1820–1850)

Der **Rückzug ins Private** und konservative Vorstellungen von der »guten alten Zeit« prägen das Denken und Leben der Anhänger dieser Bewegung. Wichtig für sie ist das Leben in fester **Ordnung**, was mit der Pflichterfüllung gegenüber Staat, Religion, Heimat und Familie einhergeht.

6.3 Konzeption der Literatur des Biedermeier

Die bewusste Absage der Kunst an die Politik ist zentrales Kennzeichen der Literatur des Biedermeier. Vertreter dieser literarischen Strömung sind konservative Schriftsteller, die sich –

1835	1842	1844	1844	1848
Büchner: *Dantons Tod*	Droste-Hülshoff: *Die Judenbuche*	Aufstand der schlesischen Weber	Heine: *Deutschland. Ein Wintermärchen*	Märzrevolution in Deutschland

Abb 5: Erasmus Engert, *Wiener Hausgarten*, 1828/30. Lob der Bescheidenheit und Genügsamkeit: Frau bei der Handarbeit im kleinen Garten

weitgehend resignativ – aus der Politik heraushalten. Sie widmen sich dem »Innenleben« der **bürgerlichen Familie** und des Individuums. Nur in diesem eng abgegrenzten Bereich wird ein humanes und friedliches Leben noch als möglich betrachtet, das allerdings permanenter Bedrohung von außen ausgesetzt ist. Die Atmosphäre der heiteren, kleinen Welt hat deswegen auch immer einen resigniert-schwermütigen Unterton.

6.4 Literarische Formen, Themen und Motive des Biedermeier

Epik

Bevorzugt werden epische Kurzformen. So erfreuen sich Kurzerzählungen, Skizzen und **Märchen** großer Beliebtheit. Auch **Künstler- und Familienromane** sind populär. Behandelt werden zeitgenössische Themen, diese werden aber vor allem als Leseunterhaltung aufbereitet. Gegen Ende der Biedermeierzeit entwickelt sich die **Novelle**. Die *Judenbuche* (1842) von Annette von Droste-Hülshoff (1797–1848) ist ein bedeutendes Beispiel.

Lyrik

Die Lyrik zeichnet sich durch die Neigung zum Epischen aus. Die **Ballade**, die Verserzählung und die **Idylle** genießen eine bevorzugte Stellung. Die Biedermeier-Lyrik ist gekennzeichnet durch eine melancholisch-resignative Grundstimmung. Im Mittelpunkt stehen Themen wie das Glück in der Familie, der Rückzug ins Private und Heimat.

Drama

Die Vorliebe bei den dramatischen Texten gilt komischen **Volksstücken**, Familien- und Rührstücken der österreichischen Theaterdichter Ferdinand Jakob Raimund (1790–1836) und Johann Nepomuk Nestroy (1801–1862). Der im Biedermeier vorherrschenden Grundhaltung entsprechend wenden sich die Dramen Franz Grillparzers (1791–1872) und Christian Dietrich Grabbes (1801–1836) von aktuellen Problemen ab und thematisieren stattdessen geschichtliche Stoffe.

6.5 Leitgedanken des Vormärz / Jungen Deutschland

Das Junge Deutschland bzw. der Vormärz setzt sich mit der politisch-gesellschaftlichen Situation kritisch auseinander. ☑ Die Vertreter dieser Strömung sind sich über die **Ablehnung des absolutistischen Staates** einig. Gemeinsam fordern sie Meinungsfreiheit. Deshalb geraten sie in Konflikt mit der Obrigkeit und werden verfolgt. Die Forderungen gehen im Einzelnen in verschiedene Richtungen. Einige fordern v. a. den Nationalstaat, andere eher eine Verfassung, die die absolutistische Fürstenwillkür begrenzt. Eine weitere Richtung verlangt sogar eine radikaldemokratische Abschaffung der Fürstenherrschaft.

6.6 Konzeption der Literatur des Vormärz / Jungen Deutschland

☑ Die Thematisierung **sozialer und politischer Missstände** prägt das Selbstverständnis und die Schreibweise der Vertreter des Jungen Deutschland. Ziel ist es, diese Missstände des Systems der Restauration offenzulegen und zu beseitigen. Daher verhält sich die Literatur in jedem Fall subversiv zur restaurativen Gesellschaftsordnung und muss sich deswegen mit beson-

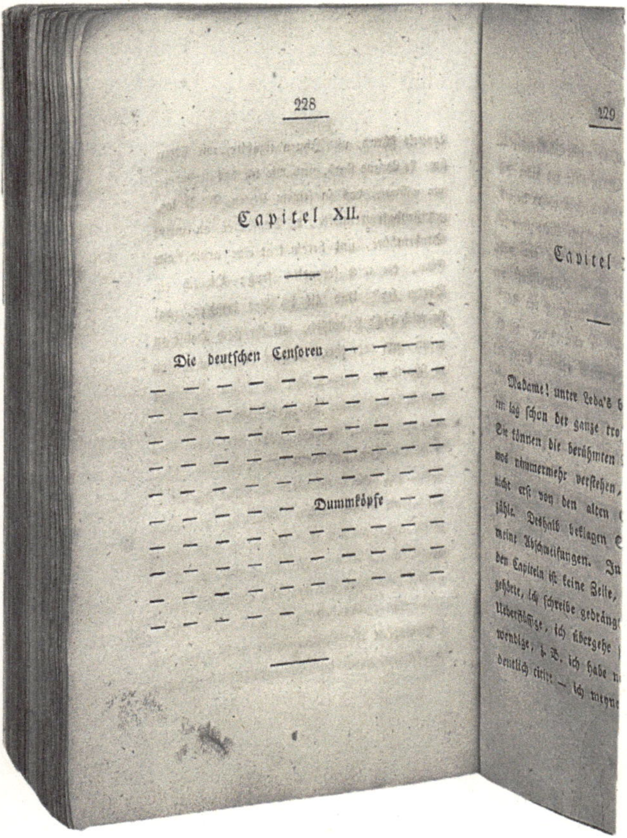

228

Capitel XII.

Die deutschen Censoren — — — —
— — — — — — — — — —
— — — — — — — — — —
— — — — — — — — — —
— — — — — — — — — —
— — — — — — — — — —
— — — — — Dummköpfe — —
— — — — — — — — — —
— — — — — — — — — —
— — — — — — — — — —
— — — — — — — — — —
— — — — —

Abb. 6: Heinrich Heine über die Zensur, in: *Ideen. Das Buch Le Grand* (1827)

☑ deren Rahmenbedingungen auseinandersetzen: Es gibt eine rigorose **Zensur**, die die Autoren z. T. scharf kritisieren (z. B. durch Flugschriften oder Karikaturen) oder zu unterlaufen versuchen. Insbesondere kleine journalistische Formen unterliegen der Vorzensur. Nicht wenige Autoren werden deswegen ☑ ins **Exil** gezwungen (etwa Heinrich Heine in Paris).

6.7 Literarische Formen, Themen und Motive des Vormärz / Jungen Deutschland

Epik

Die meisten Autoren des Jungen Deutschland bzw. des Vormärz sind als Journalisten tätig. Sie sind sich der Funktion der Presse als politisches Kampfmittel bewusst. Populär sind daher ☑ literarische Formen an der Grenze zur **Publizistik**: Essays, Reiseberichte, Briefe etc. So werden in der von Georg Büchner (1813–1837) herausgegebenen Flugschrift *Der Hessische Landbote* (1834) die hessischen Bauern zur Revolution gegen die Ob- ☑ rigkeit aufgerufen. Mit den **Reisebildern** wird eine neue Gattung der Literatur eingeführt, die die Wirklichkeit und die gesellschaftlichen Eindrücke konkret abbildet.

Lyrik

☑ Bevorzugt werden **politisch-satirische Gedichte** mit zeitkritischem Inhalt. Allerdings findet der Gebrauch der Lyrik zur kritischen Darstellung der aktuellen politischen Realität, wie er beispielsweise in den Gedichten Heines, Herweghs, Fallerslebens etc. begegnet, nicht bei allen Autoren Zustimmung.

Drama

Christian Diedrich Grabbe (1801–1836) gilt als einer der bedeutendsten Dramatiker des Jungen Deutschland. Mit seinem Drama *Napoleon oder die hundert Tage* (1831) legt er einen wichtigen Grundstein für die Entwicklung des **epischen Dramas**. ☑ Georg Büchner (1813–1837), der wohl bedeutendste Autor des Vormärz, der sich von der Bewegung des Jungen Deutschland distanziert, wird von den Zeitgenossen kaum beachtet. Doch mit seinem Fragment gebliebenen Drama *Woyzeck* (entstanden 1836/37) verfasst er das erste **soziale Drama** der deutschen Literatur. ☑

Themen und Motive im Vergleich

Biedermeier	Junges Deutschland / Vormärz
• Familie und Ordnung • heile Welt • Resignation • Liebe zur Natur • Entsagung und Verzicht • Schwermut • stille Unterordnung unter das Schicksal • traditionelle Werte • Selbstbescheidung • Sehnsucht • Selbstgenügsamkeit • Melancholie • privates Glück	• soziale und politische Missstände • Pressefreiheit • Bürgerfreiheit und Emanzipation • Unterdrückung des Volkes • Ablehnung des restaurativen Systems • Gerechtigkeit • Volk • Vaterland • Verfassung • Nationalstaat

6.8 Wichtige Autoren und Werke

Biedermeier

- Annette von **Droste-Hülshoff** (1797–1848): *Die Judenbuche* (1842)
- Eduard **Mörike** (1804–1875): *Mozart auf der Reise nach Prag* (1856)
- Adalbert **Stifter** (1805–1868): *Bunte Steine* (1853)

Vormärz / Junges Deutschland

- Carl Ludwig **Börne** (1786–1838): *Briefe aus Paris* (1830)
- Heinrich **Heine** (1797–1856): *Deutschland. Ein Wintermärchen* (1844)
- Georg **Büchner** (1813–1837): *Dantons Tod* (1835); *Woyzeck* (1836/37)

7 Realismus (1848–1890)

Checkliste

- ☑ politische Bedeutungslosigkeit des Bürgertums
- ☑ Fortschritt
- ☑ Industrialisierung
- ☑ Reichsgründung 1871
- ☑ Positivismus
- ☑ Naturwissenschaften
- ☑ Religionskritik
- ☑ Idealismuskritik
- ☑ poetischer Realismus
- ☑ bürgerlicher Realismus
- ☑ Novelle
- ☑ Gesellschaftsroman
- ☑ Dinggedicht
- ☑ Ballade
- ☑ Krise des deutschen Dramas

7.1 Zeitgeschichtlicher Kontext

Die zweite Hälfte des 19. Jahrhunderts ist in Deutschland durch die Niederschlagung der Revolution von 1848/49 und das damit verbundene Scheitern der politischen Emanzipation des Bürgertums einerseits und durch einen tiefgreifenden gesellschaftlichen Wandel andererseits gekennzeichnet. Das **Bürgertum** prägt weiterhin das gesellschaftliche Leben, bleibt aber **politisch weitgehend bedeutungslos**. Im wirtschaftlichen, naturwissenschaftlichen, technischen und militärischen Bereich zeigt sich ein sprunghafter **Fortschritt**, es beginnt die Phase der **Industrialisierung**. Die **Reichsgründung** nach dem Deutsch-Französischen Krieg 1870/71 beendet die staatliche Zersplitterung und gibt der Industrialisierung weiteren Schub. Die Städte wachsen rasant, und mit ihnen die sozialen Unterschiede.

7.2 Leitgedanken

Epochentypisch ist die Abkehr von einer idealistischen Weltsicht, die für die Klassik und Romantik noch maßgeblich ist. Stattdessen orientiert sich die Literatur zunehmend am **Positivismus**, der sich zur Erklärung der Welt ausdrücklich nur auf

1841	1844	1848/49	1853	1856
Feuerbach: *Das Wesen des Christentums*	Hebbel: *Maria Magdalena*	Revolution in Deutschland	Stifter: *Bunte Steine*	Keller: *Die Leute von Seldwyla* (darin: *Romeo und Julia auf dem Dorfe*)

beobachtbare Phänomene und die Naturwissenschaften stützt und theologische und metaphysische Ideen ausschließt (Auguste Comte). Die **Naturwissenschaften** beginnen eine größere Rolle zu spielen. Sehr einflussreich wird die Evolutionstheorie Charles Darwins (1809–1882), die einerseits das Fortschrittsparadigma (Entstehung und Fortentwicklung der Arten) unterstützt, andererseits aber die herausgehobene Rolle des Menschen relativiert (vgl. auch S. 68 ff. zum Naturalismus). Die Literatur öffnet sich einer **kritischen Haltung der christlichen Religion** gegenüber, wie sie von Ludwig Feuerbach (1804–1872) oder Karl Marx (1818–1883) formuliert wird. Leitend wird eine nüchterne und ironische Grundeinstellung zur Welt.

Die Philosophie wird nachhaltig von zwei Vertretern beeinflusst, die eine explizit **kritische Haltung zum Idealismus** haben. Es handelt sich zum einen um Arthur Schopenhauer (1788–1860) und zum anderen um Friedrich Nietzsche (1844–1900). In seinem Hauptwerk *Die Welt als Wille und Vorstellung* (1819) stellt Schopenhauer die These auf, dass die Welt bloße »Vorstellung« unserer Sinne sei, so dass wir nichts über das Wesen der Dinge erfahren können. Der »Wille« bilde das alles bestimmende, blind voranschreitende Weltprinzip. Schopenhauers Philosophie beeinflusst u. a. Friedrich Nietzsche. Dieser lehnt seinerseits sowohl den bürgerlichen Bildungsbegriff als

1869	1870/71	1878	1894/95
C. F. Meyer: *Der römische Brunnen* (letzte Fassung 1882)	Deutsch-Französischer Krieg und Reichsgründung	Sozialistengesetz: Verfolgung der Sozialdemokraten durch Bismarck	Fontane: *Effi Briest*

auch die damals vorherrschende Annahme ab, dass alle kulturellen Erscheinungsformen aus der Geschichte heraus zu verstehen seien (Historismus). Er tritt für den »freien Geist« ein und fordert die »Umwertung aller Werte«.

7.3 Konzeption der Literatur

Das ästhetische Programm des Realismus lautet:

> »Widerspiegelung alles wirklichen Lebens, aller wahren Kräfte und Interessen im Element der Kunst«
>
> (Fontane, »Unsere lyrische und epische Poesie seit 1848«)

Es geht ausdrücklich nicht um »das nackte Wiedergeben alltäglichen Lebens, am wenigsten seines Elends und seiner Schattenseiten« (Fontane), sondern um eine künstlerisch geformte Darstellung der Realität: Realismus bedeutet nicht das Kopieren der Wirklichkeit, sondern deren künstlerische Verarbeitung, mit dem Ziel, das »Wahre«, nicht nur das »Wirkliche« darzustellen. Insofern hat das Dargestellte häufig eine tiefere, symbolische Bedeutungsebene. Diese Auffassung ist in dem Begriff **»poetischer Realismus«** erfasst. Die Hinwendung zu bürgerlichen Themenkreisen spiegelt sich in dem Begriff **»bürgerlicher Realismus«** wider. Soziale Missstände sowie das »Niedere« – Krankheit, Sexualität – werden weitgehend ausgeblendet.

7.4 Literarische Formen, Themen und Motive

Epik

Vor allem die **Novelle** erfreut sich großer Beliebtheit. Ein Grund ist die strenge Form, die dem Willen zur künstlerischen Disziplin und der Beschränkung auf einen Ausschnitt der Wirklichkeit entgegenkommt. Neben Novellen entstehen auch zahlreiche Romane, die bis heute noch bekannt sind. Populär sind vor allem die **Gesellschaftsromane** Theodor Fontanes (1819–1898), die nicht nur ein genaues Bild der bürgerlichen Alltagswelt zeichnen, sondern, in ironischer und humorvoller Sprache, auch kritische Töne gegenüber der Ehe als Institution oder dem Ehrbegriff des Adels anschlagen und vorsichtig um Verständnis für scheiternde Liebesbeziehungen, ja Ehebruch werben.

Lyrik

In Gedichten des Realismus wird eine poetische Welt als Spiegel der Realität dargestellt. Diese wird distanziert und objektiv gezeigt. Unwichtiges bzw. Nebensächliches wird weggelassen. Als Musterbeispiel für das realistische **Dinggedicht** gilt *Der römische Brunnen* (1869) von Conrad Ferdinand Meyer (1825–1898), das den Weg des sprudelnden Wassers nachvollzieht, und zwar ohne explizite Deutung oder Beteiligung eines lyrischen Ichs.

Auch **Balladen** sind in der Lyrik des Realismus vertreten. Im Mittelpunkt steht dabei in der Regel der Einzelne im spannungsreichen Verhältnis zur Welt (Natur, Gesellschaft, Technik). Ein bekanntes Beispiel dafür ist Theodor Fontanes *John Maynard* (1886).

Drama

Das Drama spielt im Realismus kaum eine Rolle. Man spricht sogar von einer **Krise des deutschen Dramas**. Die einzigen nennenswerten Beispiele stammen von Friedrich Hebbel (1813–1863): *Maria Magdalena* (1844) und *Agnes Bernauer* (1851).

7.5 Wichtige Autoren und Werke

- Adalbert **Stifter** (1805–1868): *Brigitta* (1843/47); *Bunte Steine* (1853)
- Friedrich **Hebbel** (1813–1863): *Maria Magdalena* (1844)
- Theodor **Storm** (1817–1888): *Der Schimmelreiter* (1888)
- Gottfried **Keller** (1819–1890): *Die Leute von Seldwyla* (1856, erweitert 1874)
- Theodor **Fontane** (1819–1898): *Effi Briest* (1894/95); *Frau Jenny Treibel* (1892)
- Conrad Ferdinand **Meyer** (1825–1898): *Das Amulett* (1873); *Der römische Brunnen* (letzte Fassung 1882)

8 Naturalismus (1880–1900)

Checkliste

- ☑ Industrialisierung
- ☑ Radikalisierung des Realismus
- ☑ Evolutionstheorie
- ☑ Materialismus
- ☑ Positivismus
- ☑ Milieutheorie
- ☑ Deckungsgleichheit zwischen Kunst und Realität
- ☑ Niederes, Hässliches
- ☑ Gesellschaftskritik
- ☑ Verelendung
- ☑ Großstadt
- ☑ Sekundenstil
- ☑ Dialekt/Umgangssprache
- ☑ Großstadtlyrik
- ☑ Soziales Drama
- ☑ detaillierte Bühnenanweisungen

8.1 Zeitgeschichtlicher Kontext

Der beschleunigte Prozess der **Industrialisierung** kennzeichnet das Ende des 19. Jahrhunderts. Rasant vollzieht sich der Wandel von der Agrarwirtschaft und dem Manufakturwesen hin zu automatisierten Produktionsformen. Die unmittelbare Folge ist die Entstehung eines landflüchtigen, besitzlosen Proletariats, das trotz des wirtschaftlichen Aufschwungs der Gründerjahre in Armut lebt. Durch Landflucht entstehen in den Großstädten Elendssiedlungen. Politisch ist 1871 mit der Reichsgründung die kleindeutsche Lösung verwirklicht. Der neue Staat ermöglicht dem Bürgertum eine begrenzte Teilnahme am politischen Leben, beim Militär behält der Adel jedoch weiterhin seine beherrschende Position.

8.2 Leitgedanken

Der Naturalismus vollzieht eine noch entschiedenere Abkehr vom Idealismus und ist insofern eine **Radikalisierung des Realismus** (vgl. S. 62 f.). Getragen wird diese Strömung von dem Gedanken, dass der Mensch nicht in erster Linie als freies, selbstbestimmtes Individuum zu betrachten ist, sondern wesentlich durch Vererbung, das Milieu und die historischen Um-

1859	1870	1871	1878	1888
Darwin: *Über den Ursprung der Arten*	Taine: *Über den Verstand*	Gründerzeit: Industrialisierung und wirtschaftlicher Aufschwung (bis 1890)	Bismarcks Sozialistengesetz (bis 1890)	Wilhelm II. wird Deutscher Kaiser

stände bestimmt wird. Die Literatur des Naturalismus wird durch folgende philosophische Strömungen beeinflusst:

- **Evolutionstheorie:** Der britische Naturforscher Charles Darwin (1809–1882) stellt in seinem Hauptwerk *Über den Ursprung der Arten* (1859) die These der natürlichen Selektion auf. Diese besagt, dass genetische Mutationen im Laufe der Evolution auftreten. Allerdings setzen sich nur diejenigen durch, die sich erfolgreich an die Lebenswelt anpassen. Negative Veränderungen dagegen werden durch den Konkurrenzkampf besiegt und ausgerottet. Die Vorstellung von einer natürlichen Auslese in der Gesellschaft, bei der sich der Stärkere durchsetzt, resultiert aus einer unreflektierten Übertragung der Gedanken Darwins von der biologischen auf die soziale Ebene (Sozialdarwinismus). ☑
- **Materialismus:** Die philosophische Strömung des Materialismus beruht auf der Grundannahme, dass die Wirklichkeit nur als Materie existiert. Nur sie sei nachweisbar. Der Materialismus grenzt sich vom Idealismus ab (vgl. S. 39 f.). ☑
- **Positivismus:** Die von dem französischen Philosophen Auguste Comte (1798–1857) beeinflusste philosophische Strömung besagt, dass nur sinnlich Wahrnehmbares und empirisch Nachweisbares auch tatsächlich existent ist. ☑
- **Milieutheorie:** Nach dem französischen Philosophen Hip- ☑

1888	1890	1891	1892
Hauptmann: *Bahnwärter Thiel*	Entlassung Bismarcks	Holz/Schlaf: *Die Kunst. Ihr Wesen und ihre Gesetze*	Hauptmann: *Die Weber*

polyte Taine (1828–1893) ist der Mensch Produkt der ihn umgebenden Verhältnisse (Gesellschaft, Großstadt, Technik etc.). Da der Mensch durch Rasse, Geschichte und Gesellschaft vorgeprägt ist (Determinismus), ist Willensfreiheit nur eine Illusion. Folgerichtig werden die moralischen Begriffe »gut« und »böse« dem Handeln des Menschen nur bedingt gerecht.

8.3 Konzeption der Literatur

Der literarische Naturalismus hat seine Grundlagen in den Naturwissenschaften. Prägend ist dabei die Auffassung, dass sich die Wirklichkeit wissenschaftlich fotografisch und damit präzise im Kunstwerk darstellen lässt. Die Forderung nach **Deckungsgleichheit zwischen Kunst und Realität** findet in der berühmt gewordenen Formel Arno Holz' (1863–1929) Ausdruck:

> Kunstwerk = Natur – x
>
> (Arno Holz, *Die Kunst. Ihr Wesen und ihre Gesetze*)

Das »x«, die Differenz zwischen Natur und Kunst, müsse gegen null tendieren, damit die Literatur die Wirklichkeit möglichst exakt abbilden könne. Das **Niedere, Hässliche** wird dabei nicht ausgespart, im Gegenteil: Jeder Anflug von Idealisierung oder Romantisierung wird vermieden.

Aufgrund ihrer Analyse und Darstellung des Menschen als Produkt seiner Umwelt kommt der Literatur des Naturalismus eine **gesellschaftskritische Funktion** zu.

8.4 Literarische Formen, Themen und Motive

Epik

Vorrangig verwenden die Naturalisten epische Kleinformen wie Skizze, Novelle, Studie, Kurzerzählung etc. Dabei thematisieren sie insbesondere die Industrialisierung, Technik, Profitorientierung der kapitalistischen Wirtschaftsweise und **Verelendung** der abhängigen Arbeiter, die **Großstadt**, aber auch das Verhältnis zwischen Dichter und Proletariat. ☑ ☑

Ein typisches Kennzeichen für die Schreibweise des Naturalismus ist der **Sekundenstil**, bei dem sich erzählte Zeit und Erzählzeit decken. Ziel dieser Schreibweise ist es, Kunst und Wirklichkeit (Natur) in Übereinstimmung zu bringen. Mustergültig ausgearbeitet ist der Sekundenstil z. B. in Gerhart Hauptmanns Novelle *Bahnwärter Thiel* (1888). Beschreibungen von Personen und Objekten streben nach höchster Genauigkeit. ☑

Da häufig die unteren Gesellschaftsschichten – Arbeiter, Dorfbewohner, Handwerker – zum Thema gemacht werden, werden oft auch **Dialekt** bzw. **Umgangssprache** und einfacher, parataktischer Satzbau verwendet. Das gilt auch für die Dramen. ☑

Lyrik

Die naturalistische Lyrik ist sozialkritisch ausgerichtet. Es entsteht eine **Großstadtlyrik**, die sich sozialen Themen zuwendet. Mit den traditionellen Formen wird gebrochen. Die naturalistische Lyrik verzichtet auf strukturierende Elemente wie Strophe, Metrik und Reim. Typisch für Arno Holz, den bedeutendsten Lyriker des Naturalismus, sind außerdem mittelachsenzentrierte Verse. ☑

Abb. 7: Käthe Kollwitz, *Weberzug*, 1897 unter dem Eindruck der Uraufführung von Gerhart Hauptmanns Drama *Die Weber* entstanden

Drama

☑ Bedeutendste literarische Gattung des Naturalismus ist das **soziale Drama**. Dieses spielt häufig in den Elendsquartieren, in Kneipen, Bordellen, aber auch in den Mietskasernen der Großstädte. An diesen Orten werden nach Auffassung der Naturalisten die menschliche Natur und Psyche ebenso sichtbar wie ihre Verstrickung in gesellschaftliche Rahmenbedingungen, etwa unverschuldete Notlagen. Im Fokus stehen das Hässliche, Animalische, Kranke, Anarchische, auch Prostitution und Kriminalität.

Die Dramen des Naturalismus zeichnen sich häufig durch **detaillierte Bühnenanweisungen** aus, die Personen und ihre Bezüge zueinander, Szenen, Atmosphäre so genau beschreiben, dass sie zu einem eigenständigen epischen Bestandteil innerhalb des Dramas werden.

Vergleich Realismus – Naturalismus

<table>
<tr><th>Realismus</th><th>Naturalismus</th></tr>
<tr><td colspan="2">Ablehnung idealisierender oder romantisierender Wirklichkeitsdarstellung
Positivismus, Naturwissenschaften, Religionskritik</td></tr>
<tr><td colspan="2">technischer Fortschritt</td></tr>
<tr><td>künstlerische Verarbeitung der Realität (bis hin zu symbolischer Bedeutsamkeit des Dargestellten)</td><td>möglichst Deckungsgleichheit zwischen Kunst und Realität</td></tr>
<tr><td>bürgerliche und adelige Schichten</td><td>niedere Gesellschaftsschichten: Proletariat, Arbeiter, Dorfbewohner</td></tr>
<tr><td>freie Individuen in gesellschaftlichen Bezügen</td><td>Milieutheorie</td></tr>
<tr><td>unpolitisch</td><td>gesellschaftskritisch</td></tr>
<tr><td>ironische Distanz</td><td>Parteinahme, Appellfunktion der Literatur</td></tr>
</table>

8.5 Wichtige Autoren und Werke

- Henrik **Ibsen** (1828–1906): *Nora (Ein Puppenheim)* (1879)
- Gerhart **Hauptmann** (1862–1946): *Bahnwärter Thiel* (1888); *Vor Sonnenaufgang* (1889); *Die Weber* (1892)
- Arno **Holz** (1863–1929) und Johannes **Schlaf** (1862–1941): *Papa Hamlet* (1889)

9 Literatur der Jahrhundertwende (1890–1910)

Checkliste

- [x] Wilhelminische Ära
- [x] Fin de Siècle
- [x] Krise des Fortschrittsoptimismus
- [x] ästhetische Gegenwelten
- [x] Stilpluralismus
- [x] Décadence, Symbolismus, Jugendstil, Impressionismus
- [x] Opposition zum Naturalismus
- [x] L'art pour l'art
- [x] Epik: Novelle und Roman
- [x] erlebte Rede
- [x] innerer Monolog
- [x] Bewusstseinsstrom
- [x] Themen: Verfall, Schönheit, Tod
- [x] Sprachkrise
- [x] Lyrik: Darstellung subjektiver Befindlichkeiten
- [x] Synästhesien

9.1 Zeitgeschichtlicher Kontext

Die Epoche um die Wende vom 19. zum 20. Jahrhundert wird **Wilhelminische Ära** genannt. Diese Zeit ist durch einen Modernisierungsschub gekennzeichnet, der zugleich eine Verschärfung der sozialen Gegensätze bewirkt. Verstärkt wird dieser Wandel durch die zunehmende Technisierung und Verstädterung. Politisch ist der wilhelminische Obrigkeitsstaat durch einen aggressiven Nationalismus, Konservatismus und Militarismus sowie Imperialismus geprägt.

9.2 Leitgedanken

In der Umbruchszeit um 1900 entsteht das Gefühl, dass mit dem Jahrhundert eine Welt zu Ende geht (**Fin de Siècle**). Ein allgemeines Krisenbewusstsein greift um sich; der Sieges- und **Fortschrittsoptimismus** der politischen und wirtschaftlichen Elite wird als oberflächlich und dekadent sowie die eigene Lebensführung als überfeinert wahrgenommen. Die Flucht in **ästhetische Gegenwelten** bietet die Möglichkeit, den verkrusteten Strukturen im Staat und in der Gesellschaft zu entkommen. Die zentralen Gedanken der Zeit (Décadence, Um-

1888	1897	1901	1902
Wilhelm II. wird Deutscher Kaiser (»Wilhelminische Ära«, bis 1918)	George: *Das Jahr der Seele* (darin: *Komm in den totgesagten Park und schau*)	Schnitzler: *Lieutenant Gustl*	Hofmannsthal: *Brief des Lord Chandos* (Sprachkrise)

wertung der Werte, Religionskritik, Bohème etc.) spiegeln diese Atmosphäre wider.

9.3 Konzeption der Literatur

Stilpluralismus kennzeichnet die literarische Moderne um 1900. Die verschiedenen Stilrichtungen und Bewegungen lassen sich nicht immer trennscharf voneinander unterscheiden. Sie stehen für unterschiedliche Interpretations- und Darstellungsaspekte der modernen Wirklichkeit. Je nach vorherrschender Tendenz spricht man von

- **Décadence** bzw. Fin de Siècle, wenn die subjektive Krisenwahrnehmung, Sensibilität, Überfeinerung überwiegt,
- **Symbolismus**, wenn die Dichtung auf einen immateriellen Wert oder Gegenstand statt auf Realität ausgerichtet ist,
- **Jugendstil**, wenn alltagsfern stilisierte Gesten, Gefühle, mythische Figuren, Objekte oder verschlungene, ornamentale Muster das Gewöhnliche ästhetisch zum ›schönen Leben‹, zum ›All-Leben‹ überformen,
- **Impressionismus**, wenn v. a. unmittelbare Sinneseindrücke oder punktuelle Empfindungen registriert werden.

1903	1911	1914	1918
Rilke: *Der Panther*	Thomas Mann: *Der Tod in Venedig*	Ausbruch des Ersten Weltkrieges	Zusammenbruch des deutschen Kaiserreichs, Ende der Monarchie

Diese ästhetisch-programmatische Konstellation der Vielfalt ist Ausdruck der Orientierungsschwierigkeiten in der Konzeption von Literatur. Wichtiger gemeinsamer Nenner dieser Kunst- und Stilrichtungen ist die **Opposition zum Naturalismus**. Abgelehnt werden einerseits ein realistisches, besonders naturalistisches Erfassen und die objektive Darstellung der Wirklichkeit, insbesondere auch des Hässlichen, andererseits eine Instrumentalisierung der Kunst für politische Zwecke. Kunst entsteht und besteht um ihrer selbst willen: **L'art pour l'art**.

9.4 Literarische Formen, Themen und Motive

Epik

Eine bedeutende Rolle spielen die **Novelle**, der **Roman** sowie Erzählungen und Skizzen. Der thematische Schwerpunkt liegt auf der Darstellung der Bewusstseins- und Seelenzustände des Menschen, so zum Beispiel in Rainer Maria Rilkes Roman *Die Aufzeichnungen des Malte Laurids Brigge* (1910). Kennzeichnend für die Prosa ist, dass die Figuren mit sich selbst reden, etwa in der Form der **erlebten Rede** (3. Person Singular Präteritum) oder des **inneren Monologs** (Ich-Form). Insbesondere Arthur Schnitzler (1862–1931) hat diese Technik perfektioniert: Die Novelle *Lieutenant Gustl* (1900) etwa ist fast vollständig ein innerer Monolog, mit dem Schnitzler einen **Bewusstseinsstrom**, eine scheinbar ungeregelte (aber eigentlich sorgfältig komponierte) Abfolge von Ideen, Erinnerungen, Gefühlen, Erfahrungen gestaltet.

Inhaltlich dominieren häufig die **Themen Verfall, Schönheit und Tod**, etwa in Thomas Manns (1875–1955) autobiographisch gefärbter Novelle *Der Tod in Venedig* (1911).

Das Krisengefühl äußert sich auch als **Sprachkrise**: Hugo

von Hofmannsthal (1874–1929) beobachtet in seinem *Brief des Lord Chandos* (1902), dass die erlebte Wirklichkeit nicht mehr durch die ihm verfügbare Sprache zusammenhängend hergestellt werden könne – eine Steigerung des Außenseitergefühls.

Lyrik

Besonderer Beliebtheit erfreut sich die Lyrik. Gedichte ermöglichen die **Darstellung subjektiver Befindlichkeiten**. Besonders in symbolistischen und impressionistischen Gedichten wird die subjektive Stimmungslage eingefangen und symbolhaft veranschaulicht. ☑

Die Lyrik der Décadence zeigt eine Vorliebe für künstliche Verfeinerung mit dem Hang zum Morbiden. Sie verwendet gern Verfalls- und Untergangsmotive. **Synästhesien**, musikalischer Charakter der Sprache und Farb- und Lautsymbolik sind kennzeichnend für symbolistische Dichtung. Jugendstil-Gedichte verwenden Sprache als Ornament um ihrer selbst willen und schließen manchmal auch ästhetisierend das leicht Erotische mit ein. ☑

Bedeutende Lyriker sind Rainer Maria Rilke (z. B. *Der Panther*, 1903), Hugo von Hofmannsthal (z. B. *Die Beiden*, 1896) und Stefan George (z. B. *Komm in den totgesagten Park und schau*, 1897).

Drama

Das Drama steht eher am Rande der Aufmerksamkeit. Wichtige, aber sehr unterschiedliche Vertreter sind Hugo von Hofmannsthal (etwa mit dem Mysterienspiel *Jedermann*, 1911) und Frank Wedekind (etwa mit dem Pubertätsdrama *Frühlings Erwachen*, 1891), der einerseits noch dem Naturalismus nahesteht

(Gesellschaftskritik) und andererseits Elemente des Expressionismus vorwegnimmt (groteske und absurde Elemente, Kabarett).

9.5 Wichtige Autoren und Werke

- Arthur **Schnitzler** (1862–1931): *Lieutenant Gustl* (1901); *Traumnovelle* (1926)
- Frank **Wedekind** (1864–1918): *Frühlings Erwachen* (1891)
- Stefan **George** (1868–1933): *Das Jahr der Seele* (1897)
- Hugo von **Hofmannsthal** (1874–1929): *Brief des Lord Chandos* (1902); *Jedermann* (1911)
- Rainer Maria **Rilke** (1875–1926): *Die Aufzeichnungen des Malte Laurids Brigge* (1910)
- Thomas **Mann** (1875–1955): *Die Buddenbrooks* (1901)

10 Expressionismus (1910–1925)

Checkliste

- ☑ Erster Weltkrieg
- ☑ Orientierungslosigkeit und Enthumanisierung
- ☑ Vision des neuen Menschen
- ☑ Nihilismus
- ☑ Psychoanalyse
- ☑ Endzeitstimmung/Aufbruchstimmung
- ☑ Ästhetik des Hässlichen
- ☑ Bruch mit traditionellen Formen
- ☑ Vision des neuen Menschen
- ☑ Dadaismus/Surrealismus
- ☑ Collage
- ☑ Lyrik: bevorzugte Gattung
- ☑ Großstadtlyrik, Kriegslyrik, Naturlyrik
- ☑ kühner Umgang mit Sprache
- ☑ Reihungs- bzw. Simultanstil
- ☑ Ich-Dissoziation
- ☑ Stationendrama

10.1 Zeitgeschichtlicher Kontext

Geprägt ist die Epoche durch die Katastrophenerfahrung des **Ersten Weltkriegs** mitsamt der krisenhaften Vorgeschichte und den (revolutionären) Nachwirkungen, die in Deutschland zum politischen Neuanfang der – insgesamt wenig akzeptierten – Weimarer Republik und wirtschaftlich in die Hyperinflation führen. Es ist eine Epoche der radikalen, ja revolutionären Veränderungen in allen Bereichen: Politik, Gesellschaft, Wirtschaft.

10.2 Leitgedanken

Der Begriff »Expressionismus« stammt ursprünglich aus der Kunst. Er bezeichnet eine Richtung in Kunst, Malerei, Musik und Literatur, die etwa zwischen 1910 und 1925 in Deutschland und in anderen europäischen Ländern auftritt. Der literarische Expressionismus versteht sich als Gegenbewegung zum Realismus, Naturalismus und Impressionismus.

Der Expressionismus reagiert auf die **Erfahrungen von Orientierungslosigkeit und Enthumanisierung** (durch Krieg, Großstadtentwicklung, Technik, politisch-gesellschaft-

1912	1913	1914	1915	1917
Benn: *Morgue und andere Gedichte*	Trakl: *Gedichte* (darin u. a.: *Verfall*)	Ausbruch des Ersten Weltkrieges	Stamm: *Patrouille*	Russische Revolution

liche Umstürze usw.), indem er in pathetischer Wendung gegen das bürgerliche Establishment (Gottfried Benn: »Weltzertrümmerung«) rauschhaft-visionär Wandlung und Erneuerung des Menschen einfordert und beschwört (**Vision des neuen Menschen**).

Die Einstellung der Intellektuellen, Literaten und Künstler während des expressionistischen Jahrzehnts wird durch zwei wichtige Denkrichtungen beeinflusst:

- **Nihilismus:** In der von Friedrich Nietzsche (1844–1900) begründeten philosophischen Denkrichtung wird eine negative Weltanschauung propagiert, in der dem Menschen die Erkenntnis von Wahrheit verweigert wird. Deshalb wird die »Umwertung aller Werte« aufgerufen.
- **Psychoanalyse:** Die von Sigmund Freud (1856–1939) entdeckte Macht des Unterbewussten und der Triebstruktur erschüttert das Selbstbewusstsein des Menschen.

Es herrscht bereits vor dem Ersten Weltkrieg eine Weltsicht vor, in der sich zwei gegensätzliche Visionen einander gegenüberstehen und vermischen: **Endzeitstimmung** und **Aufbruchstimmung**, die durch die Kriegserfahrung und die revolutionären Folgen noch verstärkt werden.

1918	1919	1919	1920	1923
Zusammenbruch des Kaiserreichs, Deutschland wird Republik	Versailler Vertrag (»Dolchstoßlegende«), Weimarer Verfassung	Lyrikanthologie *Menschheitsdämmerung*, herausgegeben von Pinthus	Döblin: *Wallenstein*	Besetzung des Rheinlands durch Frankreich, Hyperinflation

10.3 Konzeption der Literatur

Die klassischen Kategorien des Wahren, Guten und Schönen als Maßstab für Literatur werden zugunsten einer **Ästhetik des Hässlichen** abgelehnt: Neben der Beschäftigung mit tabuisierten Themen (Krankheit, Tod, Verwesung) zeichnet sich die expressionistische Literatur durch einen radikalen **Bruch mit traditionellen Formen** und dem konventionellen Sprachgebrauch aus. Die Autoren drücken eine deutliche Kritik an der Stagnation und den autoritären Strukturen aus. Sie streben die Erneuerung des Menschen an (**Vision des neuen Menschen**). Verfolgt wird dieses Ziel nicht mit den Methoden der Vernunft, sondern mit den Mitteln des Rauschs, der Ekstase und des intensivierten Erlebens, die literarisch abgebildet werden. Ihre Bewegung hat mancherlei Berührungspunkte mit der Revolte des Sturm und Drang im 18. Jahrhundert.

Sonderformen sind der **Dadaismus** und der **Surrealismus**. Die Dadaisten treiben mit der Zerstörung der Syntax und der Reduktion der Sprache auf klangliche Qualitäten (statt Inhalte) die Befreiung von herkömmlichen, bürgerlichen Strukturen auf die Spitze. Die Grenzen des üblichen Kunstwerkes werden gesprengt. Mit Hilfe der **Collage** werden verschiedene Materialien zu ungewohnten, oft grotesken Formen zusammengefügt. Die dadaistische Literatur beschränkt sich auf Kleinformen, Gedichte und Kurztexte. Diese werden zu optischen oder akustischen Ereignissen. Zentren sind Zürich (Hugo Ball, seit 1916) und Hannover (Kurt Schwitters, seit 1919). Der Surrealismus bezieht das Unbewusste in den kreativen Schreibakt mit ein. Besonderen Einfluss hat Sigmund Freud. Träume und die Tiefen des Bewusstseins werden mit der Erfahrungswelt verschmolzen. Ein wichtiges Mittel ist die Erzähltechnik des Stream of

Consciousness (Bewusstseinsstrom), bei der Bewusstseinsvorgänge ungefiltert wiedergegeben werden.

10.4 Literarische Formen, Themen und Motive

Epik

Im Expressionismus entstehen kaum nennenswerte epische Werke. Als repräsentativ für die expressionistische Prosa gilt die von Alfred Döblin (1878–1957) verfasste Erzählung *Die Ermordung einer Butterblume* (1913). Typisch für expressionistische Romane ist, dass keine zusammenhängende zielgerichtete Entwicklung der Personen dargestellt wird, sondern disparate Einzelabschnitte collagenartig nebeneinander angeordnet werden.

Lyrik

Die **bevorzugte Gattung** ist die Lyrik. Als Meilenstein der expressionistischen Lyrik gilt die von Kurt Pinthus (1886–1975) herausgegebene Anthologie *Menschheitsdämmerung* (1919/20). Titel und Kapitelüberschriften (»Sturz und Schrei«, »Erweckung des Herzens«, »Aufruf und Empörung« und »Liebe den Menschen«) spiegeln das Lebensgefühl der Expressionisten wider. Bevorzugt werden die **Großstadtlyrik, Kriegslyrik** und **Naturlyrik**.

Insbesondere in der Lyrik findet man einen **kühnen Umgang mit der Sprache**: Ellipsen bis hin zu Wortfetzen, viele Interjektionen und Ausrufezeichen (»O Mensch!«), gewagte Neologismen, Auflösung der Syntax, eine extreme Sprachverknappung, die die Intensivierung, die rauschhafte Steigerung des Erlebens sprachlich abbilden soll. Häufig werden Strophenform, Reim, Metrum, also alles Harmonische und Regelmäßige der traditionellen Lyrik, aufgegeben.

Beliebt ist auch der **Reihungs-** oder **Simultanstil**, die zusammenhangslose Aneinanderreihung von Wahrnehmungen oder Metaphern, die einerseits die Vielzahl und Zusammenhangslosigkeit der äußeren Eindrücke, die Erfahrung der enormen Tempobeschleunigung in der Großstadt oder im Krieg und andererseits die Unfähigkeit, diese Reize sinnvoll zu verarbeiten, literarisch abbildet. Das ordnende und strukturierende Subjekt löst sich auf (**Ich-Dissoziation**).

Drama

Vorbilder des expressionistischen **Stationendramas** sind die Dramen des Sturm und Drang sowie das Dramenfragment *Woyzeck* von Georg Büchner. Die assoziative Reihung von Einzelszenen und die Typisierung von Figuren sind wichtige Merkmale dieser Gattung. Auf schonungslose Weise werden die Doppelmoral und Autoritätsgläubigkeit des Spießbürgertums dargestellt.

10.5 Wichtige Autoren und Werke

- August **Stamm** (1874–1915): *Patrouille* (1915)
- Georg **Kaiser** (1878–1945): *Die Bürger von Calais* (1914)
- Alfred **Döblin** (1878–1957): *Wallenstein* (1920)
- Gottfried **Benn** (1886–1956): *Morgue und andere Gedichte* (1912)
- Hugo **Ball** (1886–1927): *Gadji beri bimba* (1916)
- Georg **Heym** (1887–1912): *Der Krieg* (1911)
- Georg **Trakl** (1887–1914): *Verfall* (1913)
- Walter **Hasenclever** (1890–1940): *Der Sohn* (1914)

11 Neue Sachlichkeit (1918–1933)

Checkliste

- [x] Weimarer Republik
- [x] Weltwirtschaftskrise
- [x] Nüchternheit, Funktionalität, Schmucklosigkeit
- [x] Objektivität
- [x] Zeit- und Gegenwartsroman
- [x] historischer Roman
- [x] Reportageroman
- [x] Großstadt
- [x] Simultantechnik
- [x] Montage
- [x] Reportage
- [x] Gebrauchslyrik
- [x] episches Theater
- [x] Verfremdungseffekt
- [x] Dokumentartheater

11.1 Zeitgeschichtlicher Kontext

Im November 1918 löst die **Weimarer Republik** (1918–1933) das Kaiserreich ab. Doch die Republik ist – abgesehen von den sogenannten »goldenen Zwanzigern« (1924–1929) – durch eine anhaltende politische Instabilität geprägt: Das antidemokratische Denken in der Bevölkerung, die Ablehnung des Versailler Vertrags und die Schwäche der politischen Ordnung begünstigen den Aufstieg links- und rechtsradikaler Gruppierungen. Diese nutzen die Schwächen des Parlaments aus, um die junge Republik weiter zu destabilisieren. Verschärft wird die politisch labile Situation durch die **Weltwirtschaftskrise** von 1929 und die daraus resultierende Massenarbeitslosigkeit. Mit der Ernennung Hitlers zum Reichskanzler 1933 wird das Ende der Weimarer Republik besiegelt.

11.2 Leitgedanken

Als Gegenbewegung zum pathetisch-antibürgerlichen Gestus des Expressionismus kommt in den 1920er Jahren eine Grundhaltung auf, die die politischen und gesellschaftlichen Realitäten nüchtern zur Kenntnis nimmt und sich, teils zustimmend (demokratische Verfassung), teils kritisch (soziale Situation,

1918	1923	1924	1924–29	1927
Ausrufung der Republik	Hyperinflation	Thomas Mann: *Der Zauberberg*	Die »goldenen Zwanziger«	Brecht: *Hauspostille* (Gedichtsammlung)

Arbeitslosigkeit), häufig in skeptisch-ironischer Distanz damit auseinandersetzt. Das Streben nach **Nüchternheit, Funktionalität und Schmucklosigkeit** hat eine Entsprechung in der modernen Architektur, dem Bauhausstil, der ebenfalls in den 1920er Jahren Maßstäbe setzt.

11.3 Konzeption der Literatur

Die Neue Sachlichkeit wird die einflussreichste literarische Strömung der 1920er Jahre. Die Autoren lehnen die expressionistische Schreibweise ab und wenden sich der Wirklichkeit zu. Dabei enthalten sie sich weitgehend einer Bewertung der Realität und lassen (scheinbar) Tatsachen für sich sprechen. Vermieden wird die direkte Kritik an den gesellschaftlichen Verhältnissen. Wichtig ist eine (vorgeblich) **objektive**, d. h. sachliche und unparteiische Darstellung der Lebenssituation der Menschen. Der Inhalt bekommt Vorrang vor der Form. Dementsprechend wird der Roman wieder zur wichtigsten Gattung. Formale Experimente sind selten. Besonders Techniken der Darstellung, die vom ebenfalls neuen Medium des Films entwickelt werden, halten Einzug in die Literatur: Simultantechnik, Montage, Perspektivenwechsel.

1928	1929	1929	1931	1933
Kästner: *Sachliche Romanze* (Gedicht)	Weltwirtschaftskrise und Massenarbeitslosigkeit Remarque: *Im Westen nichts Neues*	Brecht: *Die heilige Johanna der Schlachthöfe* Döblin: *Berlin Alexanderplatz*	Kästner: *Fabian. Die Geschichte eines Moralisten*	Ernennung Adolf Hitlers zum Reichskanzler

11.4 Literarische Formen, Themen und Motive

Epik

In der Weimarer Republik entstehen große Romane. Bevorzugt werden der **Zeit- oder Gegenwartsroman**, der **historische Roman** und der **Reportageroman.** Themen sind überwiegend die soziale, wirtschaftliche und politische Realität der Gegenwart, insbesondere in der **Großstadt**: das Leben in der Massen- und Mediengesellschaft, Alltag, Lebenswirklichkeit von Angestellten und Arbeitslosen, Desillusionierung aller Ideale nach dem Ersten Weltkrieg und nicht zuletzt auch die Modernisierung der Geschlechterrollen.

Neue Darstellungstechniken sind Simultantechnik und Montage. Als **Simultantechnik** bezeichnet man eine neue Methode zur Darstellung der Gleichzeitigkeit verschiedener Handlungen oder Geschehnisse, die sich räumlich getrennt abspielen: Sie folgen aufeinander, ohne dass zwischen ihnen sinnhafte Verbindungen hergestellt werden. Als **Montage** bezeichnet man die nach dem gleichen Prinzip erfolgende Aneinanderreihung verschiedener Wirklichkeitsausschnitte. Collageähnlich einmontiert werden auch (fiktive) Zeitungsauschnitte, Schlagzeilen, Werbeslogans etc. Die Sprache ist kühl-distanziert und sachlich-schmucklos.

Als neue Form entsteht die **Reportage**, persönlich gefärbte Berichte aus teilnehmender Beobachtung vor Ort, die in Zeitungen und Zeitschriften veröffentlicht werden und teils literarischen Rang haben. Wichtige Vertreter sind Joseph Roth (1894–1939) und Egon Erwin Kisch (1885–1948).

Lyrik

Die Lyrik spielt eine geringere Rolle. Beliebt ist die sogenannte **Gebrauchslyrik**, die in schmuckloser Sprache und klassischen Formen (Strophe, Metrum, Reim) einfache, gegenwartsbezogene Inhalte transportiert. ☑

Beispiele: Bertolt Brecht, *Hauspostille*, 1927; Erich Kästner, *Doktor Kästners lyrische Hausapotheke*, 1936.

Drama

Bahnbrechend ist das **epische Theater** von Bertolt Brecht (1898–1956). Sein Ziel ist es, den Zuschauer zu kritischer Reflexion zu führen, insbesondere mit dem Mittel des **Verfremdungseffekts** (etwa durch Verlagerung der Handlung in andere Epochen, durch innere Widersprüche, durch Kommentierung des Dargestellten). Folgerichtig erhält das Theaterstück die Funktion eines »Lehrstücks«. Diese Funktion wird insbesondere in den Exildramen Brechts realisiert: *Mutter Courage und ihre Kinder*, 1941; *Der gute Mensch von Sezuan*, 1943; *Der kaukasische Kreidekreis*, 1944/45. Populär ist ebenfalls das **Dokumentartheater** (das authentisches Material in die fiktive Handlung einbaut: Akten, Protokolle, Presseberichte, Fotos). ☑ ☑ ☑

11.5 Wichtige Autoren und Werke

- Thomas **Mann** (1875–1955): *Der Zauberberg* (1924)
- Hermann **Hesse** (1877–1962): *Siddhartha – Eine indische Dichtung* (1922)
- Alfred **Döblin** (1878–1957): *Berlin Alexanderplatz* (1929)
- Hans **Fallada** (1893–1947): *Kleiner Mann – was nun?* (1932)

- Joseph **Roth** (1894–1939): *Hiob. Roman eines einfachen Mannes* (1930)
- Bertolt **Brecht** (1898–1956): *Die heilige Johanna der Schlachthöfe* (1929)
- Erich Maria **Remarque** (1898–1970): *Im Westen nichts Neues* (1929)
- Erich **Kästner** (1899–1974): *Sachliche Romanze* (Gedicht, 1928); *Fabian. Die Geschichte eines Moralisten* (1931)

12 Nationalsozialismus – Innere Emigration – Exil (1933–1945)

Checkliste

- [x] NS-Staat
- [x] Bücherverbrennung
- [x] Völkermord
- [x] Rassismus
- [x] Humanismus
- [x] Exilliteratur
- [x] Innere Emigration
- [x] Schreibverbot
- [x] Blut-und-Boden-Literatur
- [x] Zensur
- [x] Opposition gegen den NS-Staat
- [x] völkisch-historischer Roman
- [x] Deutschland- und Exilroman
- [x] Heimat- und Identitätsverlust
- [x] Naturlyrik
- [x] Leben in der Fremde

Abb. 8: Bücherverbrennung auf dem Berliner Opernplatz am 10. Mai 1933. – Bundesarchiv, Bild 102-14597 / Georg Pahl / CC-BY-SA 3.0

12.1 Zeitgeschichtlicher Kontext

Mit Hitlers Ernennung zum Reichskanzler am 30. Januar 1933 beginnt die totalitäre Herrschaft der Nationalsozialisten. Zügig ☑ geht der neue **NS-Staat** daran, die demokratisch-parlamentarischen Institutionen abzuschaffen. Das gesamte politische und

30.1.1933	10.5.1933	1937	1938	1939
Ernennung Adolf Hitlers zum Reichskanzler	Bücherverbrennungen (10. Mai. 1933), Emigrationswelle	Horváth: *Jugend ohne Gott*	Reichspogromnacht	Beginn des Zweiten Weltkriegs

kulturelle Leben wird gleichgeschaltet. Am 10. Mai 1933 findet eine großangelegte **Bücherverbrennung** statt. Weitere folgenreiche Ereignisse wie die Verabschiedung der Nürnberger Rassengesetze (1935) und die Reichspogromnacht (1938) bilden Etappen auf dem Weg in den Zweiten Weltkrieg (1939–1945) und den **Völkermord** an den Juden. Autoren und Intellektuelle reagieren unterschiedlich:

NS-Literatur und Mitläufertum	**Innere Emigration**	**Exil**
• bekunden offene Sympathie für das Hitler-Regime • bekennen sich zum Nationalsozialismus • verfassen eine der NS-Ideologie konforme Literatur	• bleiben in Deutschland, verweigern aber dem Regime die Unterstützung • beharren auf den Traditionen • werden ggf. mit Schreibverbot belegt • stellen ihre literarische Produktion ein • weichen in harmlose Themen aus • verschlüsseln ihre Texte	• mehr als 2000 Autoren emigrieren aus Deutschland • fliehen, weil sie aus politischen, religiösen oder rassistischen Gründen verfolgt werden • fliehen aus Protest gegen das Naziregime

1941	1942	1943	1945	1947
Zweig: *Schachnovelle*	Seghers: *Das siebte Kreuz*	Brecht: *Der gute Mensch von Sezuan*	Bedingungslose Kapitulation Deutschlands	Thomas Mann: *Doktor Faustus*

NS-Literatur und Mitläufertum	Innere Emigration	Exil
• Autoren	• Autoren	• Autoren
• Hans Grimm • Hans Jost • Gottfried Benn • Haerbert Böhme	• Hans Fallada • Ricarda Huch • Ernst Wiechert • Erich Kästner	• Bertolt Brecht • Thomas Mann • Heinrich Mann • Anna Seghers

12.2 Leitgedanken

Die **rassistische** Ideologie des Nationalsozialismus und das aus der **humanistischen** Tradition gespeiste Menschenbild stehen sich gegensätzlich gegenüber. Die Vertreter letzterer Weltanschauung werden im Dritten Reich verfolgt, geächtet und ermordet. Doch einigen gelingt die Flucht ins Ausland. Sie schreiben dort die sogenannte **Exilliteratur**. Andere bleiben in der Heimat und gehen in die **Innere Emigration**, d. h. sie verweigern dem Nationalsozialismus die Gefolgschaft. Diejenigen, die nicht mit dem **Schreibverbot** belegt sind, formulieren in ihren Werken eine vorsichtige, oft versteckte Kritik an den gesellschaftlichen und politischen Zuständen.

12.3 Konzeption der Literatur

Drei Richtungen der Literatur lassen sich unterscheiden:

Die faschistische Blut-und-Boden-Literatur

Diese Literatur steht unter dem Einfluss der NS-Ideologie, welche u. a. die »Überlegenheit der arischen Rasse« propagiert. Positiv bewertet wird die Familienabstammung (**Blut**) des Einzelnen aus der Heimat (**Boden**). Kennzeichnend für die nationalsozialistische Literatur sind der Antisemitismus, die Überhöhung von Volk und Nation, die Verherrlichung des Krieges sowie der Führerkult. ☑

Die Literatur der »Inneren Emigration«

Diese Literatur zeichnet sich durch die »verdeckte Schreibweise« aus: Die Kritik am Nationalsozialismus wird nicht offen, sondern »zwischen den Zeilen« formuliert. Außerdem orientieren sich die Autoren an christlich-humanistischen Grundwerten. Manche behandeln antike, historische und orientalische Themen und Stoffe, um die **Zensur** zu umgehen. Andere wählen auch unpolitische Themen. ☑

Die Literatur des Exils

Die Literatur des Exils folgt keinem einheitlichen poetologischen Konzept. Einig sind sich die Autoren in der **Opposition gegen den NS-Staat**, der Idee der Humanität sowie der Infragestellung der NS-Ideologie. Ziel ist es, der Welt das wahre Gesicht des Nationalsozialismus zu zeigen. ☑

12.4 Literarische Formen, Themen und Motive

Epik

Im Nationalsozialismus überaus beliebt ist der **völkisch-historische Roman**. Dargestellt werden charismatische Herrschergestalten in Übereinstimmung mit der NS-Ideologie. ☑

Romane und Erzählungen der Inneren Emigration behandeln oft religiöse oder historische Stoffe. Sie vereinigen sowohl die Flucht aus der Realität als auch eine indirekte Kritik an ihr durch die Beschreibung von Gegenwelten.

Die im Exil bevorzugte epische Gattung ist der Roman. Insbesondere **Deutschland-** und **Exilromane** setzen sich die Aufgabe, die Weltöffentlichkeit über das NS-Regime zu informieren, und sind geprägt durch den **Heimat- und Identitätsverlust**. Autoren wie Oskar Maria Graf (1894–1967), Ödön von Horváth (1901–1938) oder Anna Seghers (1900–1983) wenden sich dem unmittelbaren Zeitgeschehen zu.

Lyrik

Die NS-Lyrik ist der Blut-und-Boden-Ideologie verpflichtet und dient hauptsächlich der Propaganda.

Mit der **Naturlyrik** halten sich die Autoren der Inneren Emigration betont von der politischen Aktualität des Dritten Reiches fern. Allerdings wird sie auch als antifaschistische Literatur eingesetzt. In ihr drücken die Autoren ihre Botschaften gegen das Regime in verschlüsselter Form aus.

Bei den Exilgedichten treten alle traditionellen und modernen Formen auf. Dabei bevorzugen die formal progressiven Autoren freie Verse. Ästhetisch ist die Exillyrik uneinheitlich, thematisch jedoch relativ einheitlich. Das **Leben in der Fremde** wird darin in unterschiedlichen Variationen und Facetten aufgegriffen. Die schmerzliche Erfahrung des Exils und die kulturelle Isolation nehmen breiten Raum ein.

Drama

Im Nationalsozialismus spielt das Drama eine wichtige Rolle. Die Gattung eignet sich für eine große Beeinflussung der Massen. Beliebt sind vor allem historische Märtyrerdramen, in denen »Frontgemeinschaft« und »Kampfesmut« stilisiert werden.

In der Inneren Emigration spielt das Drama keine Rolle. Schwer haben es auch deutschsprachige Dramatiker im Exil. Die einzige große Ausnahme ist Bertolt Brecht (1898–1956).

12.5 Wichtige Autoren und Werke

NS-Literatur

- Herbert **Böhme** (1907–1971): *Gedichte des Volks* (1938)

Literatur der Inneren Emigration

- Ernst **Wiechert** (1887–1950): *Das einfache Leben* (1939)
- Werner **Bergengruen** (1892–1964): *Der Großtyrann und das Gericht* (1935)
- Jochen **Klepper** (1903–1942): *Der Vater* (1937)
- Stefan **Andres** (1906–1970): *El Greco malt den Großinquisitor* (1936)

Exilliteratur

- Thomas **Mann** (1875–1955): *Lotte in Weimar* (1939); *Doktor Faustus* (1947)
- Stefan **Zweig** (1881–1942): *Schachnovelle* (1941)

- Lion **Feuchtwanger** (1884–1958): *Die Geschwister Oppermann* (1933)
- Bertolt **Brecht** (1898–1956): *Mutter Courage und ihre Kinder* (1941); *Der gute Mensch von Sezuan* (1943)
- Anna **Seghers** (1900–1983): *Das siebte Kreuz* (1942); *Transit* (1944)
- Ödön von **Horváth** (1901–1938): *Jugend ohne Gott* (1937)

13 Nachkriegsliteratur (1945–1949)

Checkliste

- [x] Kapitulation
- [x] Entnazifizierung
- [x] Gründung zweier deutscher Staaten
- [x] Katastrophenerfahrung
- [x] Neuorientierung
- [x] Trümmerliteratur
- [x] Poesie des Kahlschlags
- [x] Gruppe 47
- [x] hermetische Lyrik
- [x] Konkrete Poesie
- [x] Kurzgeschichte
- [x] Trümmerlyrik
- [x] politische Lyrik
- [x] Eskapismus
- [x] Hörspiel

13.1 Zeitgeschichtlicher Kontext

☑ Am 8./9. Mai 1945 **kapituliert** das Deutsche Reich bedingungslos. Die Bilanz der nationalsozialistischen Herrschaft ist verheerend: Allein in Europa verlieren fast 40 Millionen Menschen ihr Leben im Krieg. Am Ende des Krieges ist Deutschland weitgehend eine Trümmerlandschaft. Zeitgleich beginnt die Herrschaft der Alliierten (USA, UdSSR, Großbritannien und Frankreich). Mit den Nürnberger Prozessen (1945–49) be-
☑ ginnt die sogenannte **Entnazifizierung** durch die Alliierten. Die zunehmenden politischen, vor allem aber ideologischen Spannungen zwischen den ehemaligen Alliierten, die Deutschland in vier Besatzungszonen aufgeteilt haben (plus Berlin),
☑ führen zur **Gründung zweier Staaten**, der Bundesrepublik Deutschland im Westen am 28. September 1949 und der Deutschen Demokratischen Republik (DDR) im Osten am 7. Oktober 1949.

Das Ende des Zweiten Weltkrieges bedeutet für die deutsche Bevölkerung einen tiefen gesellschaftlich-historischen Einschnitt. Die alte Gesellschaftsordnung existiert nicht mehr, eine neue ist noch nicht in Sicht. Priorität erhält eine rasche Verbesserung der Lebensbedingungen nach der totalen Niederlage. Dank des amerikanischen Hilfeprogramms (Marshallplan) gelingt eine schnelle Stabilisierung der westdeutschen Wirt-

1944/45	1945	1946	1947	1947
Celan: *Todesfuge*	Bedingungslose Kapitulation Deutschlands	Zuckmayer: *Des Teufels General*	Marshallplan, Hilfsprogramm der USA für Europa	Borchert: *Draußen vor der Tür*

schaft, und die soziale Marktwirtschaft schafft die Grundlage für den erfolgreichen Wiederaufbau nach dem Zweiten Weltkrieg.

13.2 Leitgedanken

Bestimmend für die Nachkriegsliteratur sind die **Katastrophenerfahrungen** der ideologischen Verblendung durch den Nationalsozialismus, des totalen Kriegs und der schuldhaften Verstrickung in den Massenmord an den Juden. Sie führen zu einer **Neuorientierung** hinsichtlich der literarischen Themen, der literarischen Formen und der Sprache. Es herrscht aber keine Einigkeit: Heftige Auseinandersetzungen gibt es etwa zwischen Exilautoren und Autoren der Inneren Emigration.

13.3 Konzeption der Literatur

Die literarischen Neuanfänge sind infolgedessen sehr verschiedenartig. In vielen Fällen wirken die neuen Impulse über die unmittelbare Nachkriegszeit hinaus.

1947	1948	1948/49	1949	1952
Gründung der Gruppe 47	Benn: *Statische Gedichte*	Blockade Berlins durch die Sowjetunion	Gründung der Bundesrepublik Deutschland und der DDR	Aichinger: *Der Gefesselte*

Trümmerliteratur und Literatur des Kahlschlags

☑ Die **Trümmerliteratur** umfasst die literarischen Werke der Heimkehrer und Emigranten der unmittelbaren Nachkriegszeit. Der Begriff wird nur für die Literatur gebraucht, die in der Westzone erscheint. Charakteristisch für die Trümmerliteratur ist ihre Orientierung am tristen, von Zerstörungen geprägten Alltagsleben der Menschen. Den Autoren geht es nicht um die ästhetische Schönheit, sondern um die ungeschminkte Darstellung der Nachkriegswirklichkeit. Sie setzen sich dafür ein, die Sprache von der Naziideologie zu reinigen. Daher spricht ☑ man auch von der **Poesie des Kahlschlags**. Wichtige Vertreter sind Alfred Andersch (1914–1980) und Wolfgang Borchert (1921–1947).

Gruppe 47

☑ Die **Gruppe 47** ist die einflussreichste Autorengruppe, die das literarische Leben in Westdeutschland und der BRD für etwa zwei Jahrzehnte entscheidend prägt. Im Jahr 1947 wird diese Gruppe von Hans Werner Richter (1908–1983) gegründet. Es handelt sich um eine offene Gruppe von deutschsprachigen Autoren und Publizisten, die jährlich an wechselnden Orten tagen. Dort tragen sie eigene unveröffentlichte Werke vor. Ziel dieser Literaturinstitution sind die geistig-moralische Erneuerung und Förderung des demokratischen Prozesses in Deutschland.

Abb. 9: Reinhard Döhl, *Apfel* (1965), ein Beispiel für konkrete Poesie

Hermetische Lyrik

Als Reaktion auf den Sprachmissbrauch durch den Nationalsozialismus bedienen sich einige Autoren in ihren lyrischen Werken zunehmend verschlüsselter Botschaften (Chiffren), die eine vollständige Auflösbarkeit des Geschriebenen unmöglich machen. Diese Form der Gedichte nennt man **hermetische Lyrik**. Ein wichtiger Vertreter ist Paul Celan (1920–1970), u.a. mit der *Todesfuge*.

Wiener Gruppe und konkrete Poesie

Unter dem Einfluss österreichischer Autoren entsteht 1952 die sogenannte Wiener Gruppe. Sie zeichnet sich durch avantgardistische Experimente aus.

☑ Bedeutende literarische Innovation ist die **konkrete Poesie**, die eine Aussage oder ein Objekt durch gestaltenden Umgang mit dem Wortmaterial (Buchstaben, Silben, Wörter) sichtbar bzw. hörbar macht.

13.4 Literarische Formen, Themen und Motive

Epik

Wichtige Nachkriegsromane entstehen im Umkreis der Gruppe 47. Sie befassen sich sowohl mit dem Kriegserlebnis, der Not der Nachkriegszeit als auch mit dem Fortwirken des nationalsozialistischen Denkens in der Nachkriegsgesellschaft. Der sogenannte Heimkehrerroman ist eine beliebte Form. ☑ Die **Kurzgeschichte** wird zur bedeutendsten epischen Gattung der Nachkriegsliteratur. Die Materialknappheit macht das Drucken von Büchern schwer. Die Zeitungen und Zeitschriften dagegen veröffentlichen Kurzgeschichten. Die Autoren orientieren sich an der amerikanischen *Short story*.

Lyrik

Den unvorstellbaren Grausamkeiten des Nationalsozialismus stehen Intellektuelle nach dem Zweiten Weltkrieg hilflos gegenüber. Intensiv diskutiert wird das Diktum: »nach Auschwitz ein Gedicht zu schreiben, ist barbarisch«, von Theodor W. Adorno (1903–1969). Adornos Feststellung stellt keine generelle Absage an die Lyrik dar, sondern nur an die »schöne« Lyrik. Neben der schmucklosen, unpathetischen, einfachen **Trümmerlyrik** (z. B. Günter Eichs *Inventur* von 1948) und der **hermetischen Lyrik** entsteht **politische Lyrik**, die sich konkret mit der Gegenwart und unmittelbaren Vergangenheit auseinandersetzt (Schuld, Leiderfahrung). Vertreten ist auch die naturmagische Lyrik, die den historisch-gesellschaftlichen Kontext ignoriert und in **Eskapismus** (Flucht in die oft rätselhafte, das menschliche Dasein zugleich bedrohende und erfüllende Welt) endet.

Drama

In der Nachkriegsliteratur spielt das Drama keine nennenswerte Rolle. Erwähnenswert sind lediglich das Drama *Des Teufels General* (1946) von Carl Zuckmayer (1896–1977) und das aus einem Hörspiel hervorgegangene Drama *Draußen vor der Tür* (1947) von Wolfgang Borchert (1921–1947).

Hörspiel

Neben der Kurzgeschichte erfreut sich das **Hörspiel** großer Beliebtheit. Aufgrund der Papierknappheit lässt sich ein größeres Publikum mit dem Hörspiel erreichen. Neben Wolfgang Borchert (*Draußen vor der Tür*) zählt Günter Eich (1907–1972) zu den wichtigsten Hörspielautoren.

13.5 Wichtige Autoren und Werke

- Gottfried **Benn** (1886–1956): *Statische Gedichte* (1948)
- Nelly **Sachs** (1891–1970): *Chor der Geretteten* (1946)
- Günter **Eich** (1907–1972): *Inventur* (1945)
- Heinrich **Böll** (1917–1985): *Der Zug war pünktlich* (1949)
- Paul **Celan** (1920–1970): *Todesfuge* (1944/45)
- Wolfgang **Borchert** (1921–1947): *Draußen vor der Tür* (1947)
- Ilse **Aichinger** (1921–2016): *Der Gefesselte* (1952)
- Ernst **Jandl** (1925–2000): *Urteil* (1956)
- Eugen **Gomringer** (geb. 1925): *Schweigen* (1953)
- Ingeborg **Bachmann** (1926–1973): *Die gestundete Zeit* (1953)

14 Literatur der Bundesrepublik Deutschland, Österreichs und der Schweiz (1949–1990)

Checkliste

- [x] Westintegration
- [x] Berliner Mauer
- [x] Existenzialismus
- [x] Frankfurter Schule (Kritische Theorie)
- [x] Pluralismus
- [x] Distanz von ideologischen Programmen (1950er Jahre)
- [x] Absolute Dichtung
- [x] politische Literatur (1960er Jahre)
- [x] Gruppe 61
- [x] Industriereportage
- [x] Dokumentarliteratur
- [x] dokumentarisches Theater
- [x] Neue Subjektivität (1970er Jahre)
- [x] autobiographisches Erzählen
- [x] Frauenliteratur
- [x] Postmoderne (1980er Jahre)

14.1 Zeitgeschichtlicher Kontext

In der Bundesrepublik Deutschland stehen die 1950er Jahre unter dem Zeichen einer Stabilisierung des Kapitalismus (Wirtschaftswunder) bei gleichzeitiger **Westintegration**. Bereits 1955 erfolgt der NATO-Beitritt der Bundesrepublik Deutschland und 1957 die Aufnahme in die Europäische Wirtschaftsgemeinschaft (EWG). Sowohl die von Bundeskanzler Konrad Adenauer vorangetriebene Westintegration als auch die Konzentration auf den Konsum führen schließlich dazu, dass eine umfassende Aufarbeitung der nationalsozialistischen Vergangenheit weitgehend ausbleibt.

Der Bau der **Berliner Mauer** 1961 leitet die 1960er Jahre ein. In den Jahren 1966/67 führt die ökonomische Krise zu Massenentlassungen und Zechenstilllegungen. Außenpolitisch rufen die sozialen Kämpfe in der Dritten Welt und vor allem die amerikanische Kriegsführung in Vietnam Empörung hervor, die u. a. in der 1968er Studentenbewegung Niederschlag findet. In den 1970ern führen die Ölpreiskrisen von 1973 und 1979/80 in Deutschland zu steigenden Arbeitslosenzahlen. Zudem wird der Staat durch den Terror der linksextremen RAF (Rote-Armee-Fraktion) herausgefordert. Außenpolitisch führt die neue Ostpolitik von Bundeskanzler Willy Brandt zum Moskauer Vertrag (1970) sowie zum Warschauer Vertrag (1972). 1972 regelt

1949	1955	1957	1957	1958	1961
Gründung der Bundesrepublik, Einführung der sozialen Marktwirtschaft	Aufnahme der Bundesrepublik in die NATO	Frisch: *Homo faber*	Gründung der Europäischen Wirtschaftsgemeinschaft	Grass: *Die Blechtrommel*	Bau der Berliner Mauer

der Grundlagenvertrag das Verhältnis zwischen der Bundesrepublik Deutschland und der Deutschen Demokratischen Republik. In den 1980er Jahren entstehen Bürgerbewegungen, die sich gegen die Atomenergie und für den Umweltschutz engagieren. Die Öffnung der Berliner Mauer am 9. November 1989 ebnet den Weg für die deutsche Wiedervereinigung. Diese wird 1990 Realität.

14.2 Leitgedanken

Nach dem Zweiten Weltkrieg prägen der Kapitalismus, Pluralismus, das Leistungsdenken und der Konsum das Denken der Menschen in der westlichen Gesellschaft. Die geistigen Strömungen sind vielfältig. Zwei philosophische Richtungen ragen allerdings heraus:

- der französische **Existenzialismus** in den 50er und 60er Jahren: Der »Kalte Krieg« und die Befürchtung einer gegenseitigen atomaren Vernichtung lassen nach dem Zweiten Weltkrieg die Existenz- und Sinnfrage in den Vordergrund rücken. Für die Existenzialisten ist das Leben an sich sinnlos, unbeschreiblich und absurd. Der Mensch blickt permanent in den Abgrund der Verzweiflung. Seine Aufgabe besteht darin,

1962	1968	1977	1985	1989
Dürrenmatt: *Die Physiker*	Studentenbewegung	Terror der RAF (»Deutscher Herbst«)	Süskind: *Das Parfum*	Fall der Berliner Mauer

dem Leben trotzdem Sinn zu verleihen. Wichtigste Vertreter dieser philosophischen Richtung sind u. a. Albert Camus (1913–1960) und Jean-Paul Sartre (1905–1980).

☑ • die **Frankfurter Schule** (auch: Kritische Theorie) in den 60er und 70er Jahren: Die Philosophen Theodor W. Adorno (1903–1969), Max Horkheimer (1895–1973), Herbert Marcuse (1898–1979) und Jürgen Habermas (geb. 1929) entwickeln kritische, marxistisch geprägte, gegen das Establishment gerichtete Gesellschaftsvorstellungen und hegen – zumindest am Anfang – die Hoffnung auf bessere gesellschaftliche Verhältnisse. Die Studentenbewegung der späten 1960er Jahre beruft sich zum Teil auf die »Frankfurter Schule«.

14.3 Konzeption der Literatur

Die literarische Entwicklung in der Zeit zwischen Kriegsende und der Wiedervereinigung Deutschlands ist uneinheitlich. Die Literatur der Bundesrepublik Deutschland, Österreichs ☑ und der Schweiz zeichnet sich durch **Pluralismus** aus. Eine einheitliche Konzeption ist nicht mehr auszumachen. Deswegen werden im Folgenden die wichtigsten Tendenzen nach Dekaden geordnet vorgestellt.

14.4 Literarische Formen, Themen und Motive

Die Literatur der 1950er Jahre

Das literarische Leben der 1950er Jahre vollzieht sich unter schwierigen Bedingungen. Erschwert wird das Schreiben sowohl durch äußere Faktoren (andauernder Existenzkampf und die Kontrolle durch die Besatzungsmächte sowie die Papierknappheit und die zerstörten Infrastrukturen, z. B. zerbombte Druckereien) als auch durch innere Faktoren (Konfrontation mit den unfassbaren Verbrechen des Nationalsozialismus und dessen Missbrauch der deutschen Sprache). Die Autoren **distanzieren** sich von **ideologischen und politischen Programmen**.

Literarische Formen:

- Epik: In der epischen Literatur der 1950er Jahre dominieren Kurzgeschichten und der Roman. Thematisiert wird v. a. die nationalsozialistische Vergangenheit.
- Lyrik: Die **Absolute Dichtung** ist eine wichtige Ausprägungsform der Lyrik der 1950er Jahre, vertreten etwa durch Gottfried Benn (1886–1956). Es handelt sich um Gedichte ohne konkreten Realitätsbezug. Gegen Ende der 1950er Jahre zeichnet sich eine Form der Lyrik ab, die sich politischen Themen zuwendet. Dazu zählen beispielsweise die Gedichte von Hans Magnus Enzensberger (geb. 1929).

Politisierung der Literatur (1960–68)

In den 1960er Jahren wird die deutsche Literatur **politisch**. Schriftsteller wie Günter Grass und Siegried Lenz ergreifen Partei für Sozialdemokratie, Martin Walser (geb. 1927) bekundet seine Sympathie für sozialistische Positionen. Hans Magnus Enzensberger wird Wortführer der Neuen Linken, die sich für die Dritte Welt engagiert. Die 1961 gegründete **Gruppe 61** stellt die industrielle Arbeitswelt literarisch dar. Max von der Grün (1926–2005) zählt zu den wichtigen Vertretern dieser Gruppe. Die **Industriereportagen** Günter Wallraffs (geb. 1942) verfolgen das Ziel, die Verhältnisse am Arbeitsplatz darzustellen und eine Verbesserung anzuregen. Zugleich ist die Literatur von der kritischen Auseinandersetzung mit der Elterngeneration geprägt.

Literarische Formen in den 1960er Jahren:

☑ • **Dokumentarliteratur**: Anfang der 1960er Jahre tritt die Dokumentarliteratur (auch: dokumentarische Literatur) in Opposition zu den rein fiktiven Schreibweisen in Erscheinung. Sie verfolgt eine gesellschaftskritische Intention und greift Tatsachenmaterial wie z. B. Akten, Protokolle, Interviews, Bilddokumente und Presseberichte auf. Häufig eingesetzt werden die Techniken der Montage und Collage.
- Lyrik: Im Zuge der Politisierung der Literatur in den 1960er Jahren entstehen zahlreiche Gedichte, die sich inhaltlich mit dem aktuellen politischen Geschehen befassen.
- Drama: Das Drama der 1960er Jahre orientiert sich an Bertolt Brecht, dessen Stücke auch auf den Bühnen der Bundesrepublik aufgeführt werden. ☑ Populär ist aber auch das **dokumentarische Theater** (z. B. Rolf Hochhuth, *Der Stellvertreter*, 1963). Neben dem Absurden Theater (Vorbilder sind Samuel Beckett und Eugène Ionesco) tragen vor allem die beiden Schweizer Dramatiker Max Frisch (1911–1991) und Friedrich Dürrenmatt (1921–1990) in Theorie und Praxis zur Weiterentwicklung der deutschsprachigen Dramatik bei.

Neue Subjektivität – Literatur zwischen 1970 und 1980

☑ In den 1970er Jahren bildet sich eine neue literarische Strömung: **Neue Subjektivität**. Sie grenzt sich von der starken Politisierung der Literatur der 60er Jahre ab. Gekennzeichnet ist die Literatur der Neuen Subjektivität durch die neue Innerlichkeit, die neue Sensibilität sowie durch autobiographische Akzente.

Literarische Formen der Neuen Subjektivität:

- Epik: Die Hinwendung zum Privaten bildet nach dem Scheitern der Studentenrevolution von 1968 und dem Einmarsch der sowjetischen Armee in Prag 1968 einen wesentlichen Zug der deutschen Literatur der 1970er Jahre. Für zahlreiche Autoren ist die eigene Biographie der Schreibanlass. Folgerichtig erscheinen viele **autobiographische Erzählwerke**. ☑
- Lyrik: Charakteristisch für die Lyrik der 1970er Jahre ist eine deutliche Hervorhebung des Ichs und dessen subjektive Wahrnehmung der alltäglichen Begebenheiten. Um den unmittelbaren Zugriff auf die alltägliche Lebenswelt zu erreichen, versuchen die Lyriker sich von traditionellen Symbolen, Metaphern und sonstigen überkommenen lyrischen Mitteln zu befreien.
- **Frauenliteratur**: Bereits in den 1960er Jahren formiert sich eine feministische Bewegung, die das traditionelle Rollenverständnis von Mann und Frau infrage stellt. Diskutiert werden die Situation und das Selbstverständnis der Frauen in einer von Männern dominierten Welt. Die Forderungen der Frauen finden in literarischen Werken weiblicher Autoren vielfach Niederschlag. ☑

Postmoderne – Literatur der 1980er Jahre

In der Bundesrepublik Deutschland sind die 1980er Jahre durch eine Tendenzwende gekennzeichnet. Das neue Schlagwort lautet **Postmoderne**. Dieser Begriff bezeichnet, wie der Name schon sagt, die Literatur nach der Moderne. Er beschreibt die ☑

Überwindung der Moderne durch den extremen Pluralismus. Dabei führt der spielerische Umgang mit der literarischen Tradition oft auch zur Auflösung von Genregrenzen. Bekannte Motive oder Zitate werden verwandelt. Die Ästhetik der Postmoderne zeichnet sich u. a. durch die Vermischung von Erzählmodellen und Genres, Stilmischung, Intertextualität und das Spiel mit der Fiktionalität (Metafiktion) aus.

14.5 Wichtige Autoren und Werke

- Wolfgang **Koeppen** (1906–1996): *Tauben im Gras* (1951)
- Max **Frisch** (1911–1991): *Homo faber* (1957)
- Peter **Weiss** (1916–1982): *Abschied von den Eltern* (1961)
- Heinrich **Böll** (1917–1985): *Gruppenbild mit Dame* (1971),
- Friedrich **Dürrenmatt** (1921–1990): *Die Physiker* (1962)
- Heinar **Kipphardt** (1922–1982): *In der Sache J. Robert Oppenheimer* (1964)
- Ingeborg **Bachmann** (1926–1973): *Malina* (1971)
- Günter **Grass** (1927–2015): *Die Blechtrommel* (1958)
- Hans Magnus **Enzensberger** (geb. 1929): *landessprache* (1960)
- Peter **Handke** (geb. 1942): *Wunschloses Unglück* (1972)
- Botho **Strauß** (geb. 1944): *Trilogie des Wiedersehens* (1976)
- Elfriede **Jelinek** (geb. 1946): *Die Klavierspielerin* (1983)
- Franz Xaver **Kroetz** (geb. 1946): *Oberösterreich* (1972)
- Karin **Struck** (1947–2006): *Klassenliebe* (1973)
- Patrick **Süskind** (geb. 1949): *Das Parfum – Die Geschichte eines Mörders* (1985)

15 Literatur der DDR (1949–1990)

Checkliste

- [x] gesellschaftlicher und politischer Neubeginn
- [x] zentralistische Wirtschaftsplanung
- [x] SED-Leitlinien der kulturellen Entwicklung
- [x] zentrale Lenkung
- [x] Weltanschauung des Marxismus
- [x] politische Funktionsbestimmung
- [x] sozialistischer Realismus
- [x] Aufbauliteratur (1950er Jahre)
- [x] Bitterfelder Weg
- [x] Ankunftsliteratur (1960er Jahre)
- [x] Kritik am Sozialismus (1970er Jahre)
- [x] angespanntes Verhältnis zum Staat (1980er Jahre)
- [x] Epik: Entfaltung des Lebens im Sozialismus
- [x] Lyrik: Vielfalt

15.1 Zeitgeschichtlicher Kontext

Am 7. Oktober 1949 wird die Deutsche Demokratische Republik (DDR) auf dem Gebiet der Sowjetischen Besatzungszone gegründet. Der Staatsgründung geht eine Phase antifaschistisch-demokratischer Neuordnung voraus, die auf einen **gesellschaftlichen und politischen Neubeginn** abzielt. Im Bereich der Wirtschaft wird die kriegsgeschädigte Industrie verstaatlicht. Es erfolgt zudem eine Bodenreform, von der die Neubauern profitieren. Eine **zentralistische Wirtschaftsplanung** nach sowjetischem Muster wird eingeführt. Aufgrund der starken Abwanderung in den Westen beschließt die Staatsführung den Mauerbau, dessen Beginn am 13. August 1961 die Teilung Deutschlands besiegelt und bis 1989 ein Symbol des »Kalten Kriegs« bilden sollte.

15.2 Leitgedanken

Nach ihrer Gründung versucht die DDR eine eigene kulturelle Identität zu definieren. Eine entscheidende Rolle spielt dabei die Sozialistische Einheitspartei Deutschlands (SED). Sie bestimmt die **Leitlinien der kulturellen Entwicklung**. Antifaschistischen und sozialistisch orientierten Autoren werden

1946	1949	1949	1955	1959	1959
Gründung der SED	Gründung der DDR	Becher: *Auferstanden aus Ruinen*	Beitritt der DDR zum Warschauer Pakt	Bitterfelder Konferenz (»Bitterfelder Weg«)	Johnson: *Mutmaßungen über Jakob*

wichtige kulturelle Aufgaben übertragen. Sie setzen sich zum Ziel, das Trauma der Nazidiktatur abzuschütteln und den Sozialismus zu fördern. Durch die **zentrale Lenkung** steht die Literatur der DDR in einem ganz anderen Kontext und unter ganz anderen Bedingungen als die gleichzeitige pluralistische Literatur der Bundesrepublik. Allerdings schafft die totalisierende **Weltanschauung des Marxismus** eher autoritäre politische und gesellschaftliche Strukturen.

15.3 Konzeption der Literatur

Die DDR-Literatur hat eine **politische Funktionsbestimmung.** Von Anfang an wird der Literatur eine zentrale Aufgabe beim Aufbau des Sozialismus zugewiesen. Programmatisch ist der **sozialistische Realismus**: Die Literatur soll volksnah, einfach und konkret den Alltag der arbeitenden Bevölkerung im Sozialismus darstellen. Schriftsteller, die sich nicht in das realsozialistische System einbinden lassen, werden Repressalien und Schikanen ausgesetzt. Besonders renitente Autoren wie etwa Wolf Biermann (geb. 1936) werden sogar ausgebürgert. Die Literatur der DDR von 1950 bis zur Wiedervereinigung lässt sich in vier Phasen einteilen:

1961	1963	1968	1976	1989
Bau der Berliner Mauer	Wolf: *Der geteilte Himmel*	Becker: *Jakob der Lügner* Plenzdorf: *Die neuen Leiden des jungen W.*	Ausbürgerung Wolf Biermanns	Fall der Berliner Mauer

Aufbauliteratur (1950–1961)

☑ Die **Aufbauliteratur** propagiert ein optimistisches Bild des Sozialismus. Gezeigt werden Heldenfiguren, die den Optimismus verkörpern und denen es stets gelingt, die sozialistische Idee gegen alle Hindernisse durchzusetzen.

Der Bitterfelder Weg

☑ Im Jahr 1959 wird auf der **Bitterfelder Konferenz** ein ästhetisches Programm entworfen mit dem Ziel, die Trennung von Kunst und Leben aufzuheben: Zum einen sollen Schriftsteller, die Kopfarbeiter, in die Betriebe gehen, um die »Brennpunkte des sozialistischen Aufbaus« kennenzulernen und schöpferisch darzustellen. Zum anderen sollen die Fabrikarbeiter zum Schreiben motiviert werden. Die Ergebnisse waren jedoch ernüchternd. Auf der zweiten Bitterfelder Konferenz 1964 wurde das Programm indirekt aufgegeben.

Ankunftsliteratur (1961–1971)

Diese literarische Phase verdankt ihren Namen der programmatischen Erzählung »Ankunft im Alltag« (1961) von Brigitte ☑ Reimann (1933–1973). Gekennzeichnet ist die **Ankunftsliteratur** durch die Auseinandersetzung junger Autoren mit dem Leben im Sozialismus. Allerdings lösen sich die ästhetischen Konflikte in einem stereotypischen Lernprozess auf, so dass die Helden der Ankunftsliteratur tatsächlich im Sozialismus »ankommen« und positiv in die Zukunft blicken.

Kritik am DDR-Sozialismus (1971–1990)

Infolge einer politischen Liberalisierung ist **Kritik am Sozialismus** bis zur Ausbürgerung Wolf Biermanns 1976 möglich. Die Ausbürgerung des kritischen Liedermachers markiert das Ende der Entspannungsphase im Kultursektor. Auf schriftliche Proteste prominenter Autoren reagiert die politische Führung mit Verhaftungen und Ausschlüssen aus dem Schriftstellerverband. Als Konsequenz verlassen weitere Schriftsteller die DDR. Das Verhältnis zwischen Schriftstellern und sozialistischem Staat bleibt dauerhaft **angespannt**. Neue Themen sind Umweltprobleme und die atomare Bedrohung durch das Wettrüsten.

15.4 Literarische Formen, Themen und Motive

Epik

Romane und Erzählungen dominieren die **epische Literatur** der DDR. Sie zeichnen sich dadurch aus, dass sie die **Entfaltung des Lebens im Sozialismus** thematisieren. Die positive Entwicklung des Individuums innerhalb der sozialistischen Gesellschaft steht dabei im Mittelpunkt.

Lyrik

Die **Lyrik** ist durch **Vielfalt** gekennzeichnet. Sie trägt im Gegensatz zur Prosa keinen einheitlichen sozialistischen Grundton. Insbesondere Liedtexte eignen sich dazu, Kritik an der SED-Diktatur gezielt zu transportieren.

Drama

Die wichtigsten Dramatiker der DDR sind Friedrich Wolf (1888–1953) und Bertolt Brecht (1898–1956). Brechts Konzept des epischen Theaters widerspricht jedoch der Vorstellung der Kulturfunktionäre: Statt einer Identifikation mit dem Helden regt es den Zuschauer vielmehr zu distanzierter Wahrnehmung und kritischer Reflexion an.

15.5 Wichtige Autoren und Werke

- Johannes R. **Becher** (1891–1958): *Auferstanden aus Ruinen* (1949)
- Bertolt **Brecht** (1898–1956): Gedichtzyklus *Buckower Elegien* (1964)
- Peter **Hacks** (1928–2003): *Die Sorgen und die Macht* (1962)
- Heiner **Müller** (1929–1995): *Der Lohndrücker* (1957)
- Christa **Wolf** (1929–2011): *Der geteilte Himmel* (1963)
- Uwe **Johnson** (1934–1984): *Mutmaßungen über Jakob* (1959)
- Ulrich **Plenzdorf** (1934–2007): *Die neuen Leiden des jungen W.* (1968)
- Sarah **Kirsch** (1935–2013): *Landaufenthalt* (1967)
- Jurek **Becker** (1937–1997): *Jakob der Lügner* (1968)

16 Gegenwartsliteratur (ab 1990)

Checkliste

- [x] Wiedervereinigung
- [x] Internationaler Terrorismus, globale Finanzkrise, Flüchtlingskrise
- [x] Globalisierung
- [x] Digitalisierung
- [x] Orientierungskrise
- [x] Wendeliteratur (Mauerfall)
- [x] Interkulturelle Literatur / Migrantenliteratur
- [x] Themen: Fremdheit, kulturelle Identität
- [x] Popliteratur
- [x] Themen: Medien, Werbung, Konsum
- [x] Poetry Slam
- [x] Netzliteratur
- [x] Roman: thematische und stilistische Vielfalt
- [x] Graphic Novel
- [x] Lyrik: Vielfalt, Verzicht auf formale Vorgaben
- [x] Verzicht auf traditionelle Dramentechnik

16.1 Zeitgeschichtlicher Kontext

Tiefgreifende politische und gesellschaftliche Veränderungen prägen seit 1989 die Bundesrepublik Deutschland. Von besonderer Bedeutung ist die **Wiedervereinigung** der beiden deutschen Staaten (1990). Der Prozess der Integration der beiden Teile Deutschlands ist zu einer großen politischen, wirtschaftlichen und gesellschaftlichen Herausforderung geworden. Die hohe Arbeitslosigkeit in den neuen Bundesländern, der Wegzug junger Menschen in den Westen sowie die zunehmende Kluft zwischen Arm und Reich sind nach wie vor aktuell. Auch wichtige internationale Ereignisse und Entwicklungen wie z. B. die Einführung des Euros, die Terroranschläge vom 11. September 2001 und der bis heute andauernde Kampf gegen den **internationalen Terrorismus**, die **globale Finanzkrise** (2008) und nicht zuletzt die **Flüchtlingskrise** (ab 2015) markieren den gegenwärtigen zeitgeschichtlichen Kontext.

16.2 Leitgedanken

Der Beginn des 21. Jahrhunderts steht unter dem Zeichen der flächendeckenden **Globalisierung** und **Digitalisierung**. Beide Phänomene werden jedoch weniger als ein weltanschaulicher

1990	1993	1995	1995	1999	2001
Deutsche Wiedervereinigung	Timm: *Die Entdeckung der Currywurst*	Grass: *Ein weites Feld*	Schlink: *Der Vorleser*	Brussig: *Am kürzeren Ende der Sonnenallee*	Anschlag auf das World Trade Center; Beginn des internationalen Kampfes gegen den Terror

Orientierungsrahmen, sondern vielmehr als eine Herausforderung betrachtet, mit der die gegenwärtige Generation erst fertigwerden muss. Seit dem Wegfall der bis dahin für stabil gehaltenen politischen Ideologien ist das Lebensgefühl einer **Orientierungskrise** allgegenwärtig. Das moderne Denken ist pluralistisch. Es bildet sich aus verschiedenen Erfahrungen, Lebensstilen und Interessen der offenen Gesellschaft, wie sie in der heutigen Bundesrepublik Deutschland praktiziert wird.

16.3 Konzeption der Literatur

Die Literatur der Gegenwart ist konzeptionell uneinheitlich. Auffällig ist eine Vielzahl von Strömungen und Tendenzen. Diese spiegeln wiederum vielfältige Lebensformen, Schreibstrategien und Themen wider, ohne dass sie sich festen ästhetischen Richtungen oder theoretischen Positionen zuordnen ließen. Die wichtigsten Tendenzen sind:

Wendeliteratur

»**Wendeliteratur**« ist die Bezeichnung für Werke, die sich den kulturellen, sozialen und politischen Problemen nach dem Mauerfall am 9. November 1989 widmen.

2002	2005	2008/09	2009	2010	2015/16
Einführung des Euro	Kehlmann: *Die Vermessung der Welt*	Globale Finanz- und Wirtschaftskrise	Müller: *Atemschaukel*	Herrndorf: *Tschick*	Flüchtlingskrise

Interkulturelle Literatur

Verfasst wird diese Literatur von deutschsprachigen oder deutschsprechenden Autoren mit Migrationshintergrund (**Migrantenliteratur**). Werke der interkulturellen Literatur thematisieren Probleme der **Fremdheit**, der **kulturellen Identität** sowie des wechselseitigen Einflusses zwischen deutscher Sprache und Kultur bzw. der Sprache und Kultur der eingewanderten Autoren.

Popliteratur

Popliteratur befasst sich mit einer von **Medien, Werbung und Konsum** geprägten Wirklichkeit. Aufgegriffen werden Themen der Gegenwart, wobei häufig der Schwerpunkt auf Konsum, Sex, Drogen, Musik und sozialen Problemen liegt. Die Vertreter der Popliteratur wollen sich von der traditionellen Literatur absetzen. Eine der wichtigsten Erscheinungsformen der Popliteratur sind die aus den USA importierten **Poetry Slams** – ein literarischer Wettbewerb zwischen meist jungen Poeten, die ihre Texte in Bars, Kneipen etc. dem Publikum vortragen.

Literatur und Internet

Literarische Texte, die in Papierform existieren, finden auch Zugang ins Internet und bilden die sogenannte Literatur im Netz. Ihre Autoren bedienen sich des Internets als einer zusätzlichen Plattform, um ihre Texte über das Internet zugänglich zu machen. Ein bekanntes Beispiel ist das Gutenberg-Projekt, das literarische Klassiker in digitaler Form präsentiert. **Netzliteratur** ist dagegen eine neue Kunstform, die durch den Einsatz von kommunikativen, sozialen und technischen Möglichkeiten des Internets neue Formen des Schreibens und Publizierens ermöglicht, so z. B. der Tagebuch-Blog *Arbeit und Struktur* (2013) von Wolfgang Herrndorf (1965–2013). Durch die Netzliteratur lassen sich Verbindungen zwischen verschiedenen Kunstformen wie Musik, bildende Künste, Literatur etc. herstellen. Ganz nach dem Motto »anything goes« zeichnet sich die Gegenwartsliteratur durch ein Nebeneinander verschiedener Stile, Schreibweisen und Funktionen der Literatur aus.

16.4 Literarische Formen, Themen und Motive

Epik

Der Roman stellt die vorrangige Gattung der Gegenwartsliteratur dar. Kennzeichnend ist dafür eine große **thematische und stilistische Vielfalt**. Während einige Autoren zeitgeschichtliche Themen oder eigene biographische Erfahrungen aufgreifen, wenden sich andere auch dem Zweiten Weltkrieg und der Nachkriegszeit zu. Zivilisationskritik findet sich neben der Verweigerung des Fortschrittsglaubens und Zweifel an einfachen Sinnkonstruktionen. Dabei wird Geschichte als sprunghaftes und mehrdimensionales Phänomen dargestellt. Daneben finden sich aber auch Titel, wie zum Beispiel der Bestseller *Die Vermessung der Welt* (2005) von Daniel Kehlmann (geb. 1975), die den genannten thematischen Tendenzen nicht folgen. Populär geworden sind ebenfalls neue Gattungen wie etwa die **Graphic Novel**, eine Art Comicroman.

Lyrik

In modernen Gedichten wird häufig mit der Sprache experimentiert. Die Gegenwartslyrik bietet eine große **Vielfalt** an Formen, Stoffen, Themen und Stilen. Liebes- und Naturgedichte kommen ebenso vor wie politische Gedichte. Auffällig ist der **Verzicht auf formale Vorgaben** wie Reim, Strophenform und Metrum.

Drama

Das Gegenwartsdrama **verzichtet auf die traditionelle Dramentechnik** (z. B. Einheit und Kausalität der Handlung). Dadurch kommt es häufig zu einer Überschneidung verschiedener Handlungsebenen. Thematisch zeichnet sich die Gegenwartsdramatik durch eine konzentrierte Hinwendung zu aktuellen Herausforderungen aus. Ein wichtiges Merkmal ist die Thematisierung der Tradition, wobei die herkömmlichen Kategorien wie Handlung, Figuren und Dialoge problematisiert werden.

16.5 Wichtige Autoren und Werke

- Günter **Grass** (1927–2015): *Ein weites Feld* (1995); *Mein Jahrhundert* (1999)
- Uwe **Timm** (geb. 1940): *Die Entdeckung der Currywurst* (1993)
- Bernhard **Schlink** (geb. 1944): *Der Vorleser* (1995)
- Rafik **Schami** (geb. 1946): *Die Sehnsucht fährt schwarz. Geschichten aus der Fremde* (1988)
- Emine Sevgi **Özdamar** (geb. 1946): *Mutterzunge* (1990)
- Ingo **Schulze** (geb. 1962): *Simply Storys* (1989)
- Wolfgang **Herrndorf** (1965–2013): *Tschick* (2010)
- Thomas **Brussig** (geb. 1965): *Am kürzeren Ende der Sonnenallee* (1999)
- Marcel **Beyer** (geb. 1965): *Flughunde* (1995)